Annie F. Downs
Mutiger, als du denkst

Über die Autorin

Annie F. Downs ist eine amerikanische Bestsellerautorin
(u. a. von den Büchern *Looking for Lovely* und *Let's All Be
Brave*) und eine gefragte Rednerin. Sie ist bekannt für ihren
humorvollen, sehr persönlichen Schreibstil und ihre tiefe
Liebe zu Jesus, die in ihren Worten stets durchschimmert.
Sie lebt in Nashville, Tennessee.

Annie F. Downs

Mutiger
ALS DU
DENKST

100 MUTivationen
für dein Leben

Aus dem Amerikanischen von Christiane Henrich

GerthMedien

Für

. . . .

Von

. . . .

Datum

. . . .

Inhalt

Einleitung

Hallo liebe Leserin (und natürlich auch lieber Leser),
dass du diese Zeilen liest, bedeutet mir sehr viel! Denn so wie es aussieht, kennst du dieses Gefühl auch – dass es doch noch mehr geben muss als „das" – auch wenn dein „das" vermutlich etwas anders aussieht als meines. Aber wir haben beide diese Sehnsucht nach mehr – und brauchen Mut, um ihr nachzuspüren.

Deshalb bin ich sehr froh, dass du dir die Zeit für dieses Buch nimmst! Ich hoffe, du bleibst bis zum Schluss dabei. Denn auf den nächsten Seiten lade ich dich zu einem Lebensstil ein, der vermutlich etwas mehr Mut von dir erfordert als dein bisheriger. Aber er wird dir auf jeden Fall auch sehr viel mehr Freude bringen und dir mehr bieten als „das". Im besten Fall wird alles anders. Wäre das nicht großartig?

Ich hoffe, du hast ein Tagebuch (oder besorgst dir eins), das dich begleitet, während du diese 100-tägige Reise in ein mutigeres Leben wagst. Diese 100 Tage sind für mich etwas ganz Besonderes, und ich hoffe, das werden sie auch für dich. Ich habe in diesem Buch einige meiner Lieblingsgedanken über Mut und Tapferkeit zusammengestellt und sie ergänzt mit eigenen Erkenntnissen, die mir Gott, das Leben und andere Menschen in den vergangenen Jahren geschenkt haben. Wenn diese Erkenntnisse und lehrreichen Erfahrungen nun auf das treffen, was Gott bereits in deinem Leben tut, könnte das eine wirklich spannende Reise für dich werden.

Ich weiß, wir kennen uns nicht, aber irgendwie fühlt es sich für mich trotzdem ein bisschen so an. Vielleicht stellst du dir einfach vor, ich sei eine Freundin, wir sitzen uns in einem Café gegenüber, unterhalten uns und machen uns gemeinsam Gedanken zu den Themen, die dich gerade beschäftigen. Ja, ich möchte dich auf dem Weg zu deinem mutigsten Ich begleiten wie eine gute Freundin, die dich immer wieder ermutigt und anfeuert. Also, machen wir uns auf den Weg!

Herzlichst,
Annie F. Downs

Hab den Mut anzufangen

Gott möchte, dass du mutig bist.

Tag 1

Was heißt „mutig sein"?

. . . .

„Denn ich bin der Herr, dein Gott.
Ich nehme dich an deiner rechten Hand und
sage: Hab keine Angst! Ich helfe dir."
Jesaja 41,13

Mutig sein – was heißt das eigentlich? Nun, ich habe festgestellt, dass es dafür weder ein Rezept noch feste Regeln gibt. Wir haben zwar die Bibel, die wir bei allen unseren Entscheidungen zurate ziehen können, aber davon mal abgesehen bleibt ein mutiges Leben immer eine einzigartige geistliche Reise für jede und jeden von uns. Denn Mut ist etwas Lebendiges und zeigt sich immer wieder anders.

Ich würde deshalb niemals behaupten: „Mut sieht genau so aus", oder: „Wenn du wirklich etwas Mutiges riskieren und bei den Menschen um dich herum etwas verändern willst, solltest du genau Folgendes tun." So funktioniert das nicht. Ich glaube nicht, dass du mich brauchst, um dir zu sagen, was du tun solltest. Das weißt du wahrscheinlich selbst (oder zumindest wirst du es eines Tages wissen, auch wenn es dir jetzt noch nicht klar sein sollte). Du brauchst vermutlich nur ein paar Aufwärmübungen vor dem großen Spiel. Etwas, das dir ein wenig Schwung verleiht. Ein wenig Hilfe beim Verstehen der Karte, die du in den Händen hältst, um deinen eigenen Weg zu finden.

In den kommenden 100 Tagen möchte ich dir zeigen, dass du mutiger bist, als du denkst. Und wenn dir das bewusst ist, kannst du die Welt verändern.

Mutig sein heißt, dass man etwas tut, obwohl man Angst davor hat. Mutig bist du nicht erst dann, wenn du keine Angst mehr hast. Auch mutige Menschen hören immer noch, was die Angst ihnen einflüstern will. Aber sie handeln trotzdem.

> *Auch mutige Menschen hören noch, was die Angst ihnen einflüstern will. Aber sie handeln trotzdem.*

Mutig zu sein heißt, die Stimme der Angst zu hören und dennoch zu sagen: „Okay, das habe ich zur Kenntnis genommen, aber ich weiß, dass ich von Gott gewollt bin und dass er mit meinem Leben etwas vorhat."

Ich verrate dir etwas: Die Momente, als die Angst in meinem Leben am größten war – jene Zeiten, in denen ich mir eigentlich sicher war, dass ich angesichts des ganzen Drucks, der auf mir lastete, aufgeben würde – diese Momente waren immer auch offene Türen zu den größten Veränderungen in meinem Leben. Also bin ich immer wieder durch sie hindurchgegangen und habe den Schritt nach vorne gewagt – zwar voller Angst, aber im Vertrauen darauf, dass Gott auf der anderen Seite auf mich wartet, um mir neue und wundervolle Wege aufzuzeigen.

Und, was soll ich sagen? Bis jetzt ist es immer so gewesen und er war da.

Und er wird auch für dich da sein.

....

Sei mutig: Erzähle jemandem (zum Beispiel einer Freundin, deinem Ehepartner, einem Kollegen oder einer Mentorin), dass du dich auf diese hunderttägige Reise zu einem mutigeren Leben begeben hast.

Tag 2

Warum mutig sein?

....

Letztendlich können wir nur weitermachen
durch die Kraft Gottes, der uns erst gerettet
und dann zu diesem heiligen Werk berufen hat.
Wir selbst hatten damit nichts zu tun.
Es war alles seine Idee, ein Geschenk,
das uns in Jesus bereitet wurde,
lange bevor wir irgendetwas davon wussten.
Aber jetzt kennen wir es.
2. Timotheus 1,9 (Übersetzung der
The Message-Bibel, einer Übertragung der Bibel in
zeitgenössisches Englisch von
Eugene H. Peterson)

Vor einiger Zeit war ich in Honolulu auf Hawaii, um dort einen
Vortrag auf einer Konferenz zu halten. An einem Nachmittag
ging ich ins *Starbucks* in Kailua, wo ich ein bisschen schreiben
wollte. Leider war kein Tisch mehr frei, aber ich hatte keinen

Plan B. Also stellte ich mich trotzdem in die Schlange und bestellte etwas zu trinken.

Schließlich wurde ein Tisch frei, zwischen einem Pärchen auf Urlaubsreise und drei gut aussehenden braun gebrannten Surfern. Als ich merkte, dass die Surfer sich über ihre Ehen unterhielten, interessierte ich mich nicht weiter für sie – offensichtlich waren sie ja bereits vergeben …

Ich packte meine Schreibsachen aus, aber weil mein Tisch so nah an dem der Männer stand, konnte ich nicht anders, als doch wieder hinzuhören. Ich hörte, wie sie über absolute Wahrheit sprachen und darüber, dass Gott der einzig Vollkommene ist. Plötzlich wurde mir klar, dass ich gerade Zeugin davon wurde, wie zwei dieser Männer dem dritten von ihren Erfahrungen mit Jesus erzählten.

Mein Herz begann zu rasen. So ein Gespräch erfordert wirklich Mut!

Ich weiß, jetzt denkst du vielleicht, ich würde das Ganze dramatisieren. Aber überleg mal – was geschieht mit diesem Surfer, der hört, dass Jesus die Antwort auf alle seine Fragen ist? Wenn er diese Wahrheit für sich annimmt, wird sein Leben nie mehr dasselbe sein. Seine Zukunft kann sich für immer verändern, weil seine beiden Freunde mutig genug waren, ihm von Jesus zu erzählen.

Wenn ich mutige Menschen sehe, möchte ich auch mutig sein. Mut steckt an.

Als ich diesen Männern zuhörte, spürte ich auf einmal etwas in mir – und zwar den Wunsch, meine eigene Geschichte mit Jesus zu erzählen. Hast du im Schwimmbad schon einmal beobachtet, wie sich vernünftige Erwachsene eine Wildwasserbahn hinunterstürzen, obwohl sie eigentlich viel lieber auf ihrem Liegestuhl bleiben würden? Sie tun es trotzdem – weil sie ihren Kindern zeigen wollen, dass sie keine Angst vor der Rutsche haben müssen.

Mut steckt an. Deshalb müssen wir es wagen, den Anfang zu machen. Deshalb müssen wir vorangehen und mutig sein – damit sich andere davon inspirieren lassen, ebenso mutig zu sein. Und wir können mutig sein, weil Gott selbst uns schon immer als mutige Menschen gedacht hat.

Vielleicht macht es dir Angst, in das hineinzuwachsen, was Gott in dir sieht. Es fühlt sich schwer an.

Nun, es fühlt sich nicht einfach an, weil es auch nicht einfach

> **Wenn ich mutige Menschen sehe, möchte ich auch mutig sein.**

ist. Und trotzdem: Wir wurden geschaffen, um mutig zu sein. Wie der heutige Bibelvers sagt: Wir haben ein heiliges Werk zu tun. Warum also sollen wir mutig sein? Weil es die Menschen um uns herum verändert, wenn wir den Mut haben, ihnen von unseren Erlebnissen mit Gott zu erzählen. Und es verändert auch uns.

. . . .

Sei mutig: Schau zurück auf diesen Tag.
Wo hat Gott etwas für dich getan?
Oder sich dir einfach irgendwie gezeigt?
Erzähle jemandem davon.

Tag 3

Du bist mutiger, als du denkst

....

Und kommt ihr vom richtigen Weg ab,
so hört ihr hinter euch eine Stimme: „Halt,
dies ist der Weg, den ihr einschlagen sollt!"
Jesaja 30,21

Im Oktober 2007 erfasste mich auf einmal eine tiefe innere Unruhe. Ich weiß nicht, wie ich es sonst beschreiben soll. Wochenlang spürte ich dieses seltsame Gefühl in mir. Irgendwann entschied ich mich, darüber zu beten und Gott um Führung zu bitten. Ich spürte, dass ich etwas verändern sollte, aber wusste einfach nicht, was.

Also fragte ich Gott. Daraufhin hörte ich in meinem Herzen immer und immer wieder, dass es Zeit für einen Umzug sei – nach Nashville. Und nach ein paar Monaten, in denen ich mit mir selbst gerungen hatte, wagte ich es schließlich.

Die ganze Autofahrt über habe ich geweint. Dreieinhalb Stunden lang. Ja, ich weiß, ich war zwar nicht auf dem Weg in eine Stadt am anderen Ende der Welt (noch nicht!), aber ich, das Mädchen aus Georgia, zog gerade weiter von zu Hause weg, als ich es mir jemals hätte vorstellen können.

Eins solltest du wissen: Ich habe mich dabei nicht einem Moment lang mutig *gefühlt*. Es gab nie diesen einen extremen „Mutanfall" oder gar die Gewissheit in mir, dass dies die beste Entscheidung meines Lebens sei. Ich ging einfach immer nur den jeweils nächsten Schritt. Kündigte meinen Job. Verkaufte mein Haus. Packte meine Sachen. Fuhr Richtung Norden, bis ich die Grenze des Bundesstaates überquert hatte, und hielt erst an, als ich das Wahrzeichen der Skyline von Nashville erblickte – das *Batman Building*.

Ich möchte dich jetzt nicht mit Geschichten über meine ersten Wochen voller Weinen und Zähneknirschen langweilen (okay, meine ersten paar Monate …), aber ich fühlte mich echt schrecklich. Und einsam. Es war eine wirklich schmerzhafte Zeit.

> *Ich habe mich dabei nicht einen Moment lang mutig gefühlt. Aber ich bin einfach Tag für Tag den nächsten Schritt gegangen, habe das Nächste getan, das nächste Ja gesagt.*

Darf ich es noch mal sagen? *Ich habe mich dabei nicht einen Moment lang mutig gefühlt. Aber ich bin einfach Tag für Tag den nächsten Schritt gegangen, habe das Nächste getan, das nächste Ja gesagt.* Und Gott hat für mich in Nashville ein Leben aufgebaut, das ich mir nie hätte träumen lassen. Vielleicht habe ich mich nicht mutig gefühlt, aber dennoch tat ich mutige Schritte im Gehorsam Gott gegenüber.

Wenn du mir deine Geschichte erzählen würdest, dann könnte ich dir darin bestimmt auch Momente zeigen, in denen du mutige Entscheidungen getroffen hast, auch wenn du sie nicht als solche bezeichnen würdest. Wahrscheinlich tust du das bereits öfter, als dir bewusst ist. Ja, du bist mutiger, als du denkst!

. . . .

Sei mutig: Schau zurück auf dein Leben.
Halte in deinem Tagebuch zwei oder drei Momente
fest, die du selbst (oder jemand anderes)
als mutig bezeichnen könntest.

Tag 4

Auf der Suche nach Mut

....

Die Mitglieder des Hohen Rates
wunderten sich darüber, mit welcher Sicherheit
Petrus und Johannes auftraten; wussten sie
doch, dass es einfache Leute
ohne besondere Bildung waren.
Aber sie erkannten die beiden
als Jünger von Jesus wieder.
Apostelgeschichte 4,13

Ich höre jeden Tag eine Menge Geschichten über Mut (was, ehrlich gesagt, nicht der schlechteste Zeitvertreib ist). Meine Leser(innen) schicken mir E-Mails und Textnachrichten oder kontaktieren mich über die sozialen Netzwerke, um mir ihre Mutgeschichten zu erzählen. Und du kannst dir gar nicht vorstellen, wie viele Geschichten über Mut ich zu hören bekomme, wenn ich als Referentin durchs Land reise und vor Gruppen spreche.

Und jedes Mal denke ich: *Oh wow, wenn nur jeder das hören könnte!*

Wenn wahrer Mut erkennbar wird – in deinem Leben, im Leben der Menschen, die du liebst, aber auch in der Kunst, die du siehst oder liest oder hörst – entfaltet das eine ungeheure Kraft. Es inspiriert uns ungemein, wenn wir da draußen in der Welt Mut begegnen. Deshalb müssen wir nicht nur unsere eigenen mutigen Erfahrungen mit anderen teilen, sondern auch aktiv nach Hinweisen auf wahren Mut in unserem Umfeld suchen. Sicher hast du zum Beispiel Freundinnen und Freunde, die jede Menge Mut in ihrem alltäglichen Leben beweisen – mehr, als sie selbst für möglich gehalten hätten.

Entdeckst du auch Mut, wenn du auf dein eigenes Leben blickst? Blickt er dir entgegen, wenn du in den Spiegel schaust, und erkennst du ihn in den Gesichtern der Leute, mit denen du oft zusammen bist?

Schau dich um: Wer beweist gerade Mut in deinem Leben? Ist da jemand, der gegen eine Krankheit ankämpft? Jemand, der etwas tut, obwohl er Angst davor hat? Jemand, der einem Traum nachjagt? Wo erlebst du vielleicht Momente voller Mut in deiner Familie? Geht es in einem der Bücher oder Artikel, die du gerade liest, um Mut? Hast du in letzter Zeit einen Film gesehen, der dich zum Mutigsein inspiriert hat?

> *Es inspiriert uns ungemein, wenn wir da draußen in der Welt Mut begegnen.*

Mut ist in der Kunst ein häufiges Motiv. (Ich rede hier nicht *nur* von dem Film *Braveheart*, obwohl ich diesen Film in vielerlei Hinsicht äußerst inspirierend und empfehlenswert finde.) Manchmal suche ich gezielt nach Filmen oder Büchern über ein Thema, das mich gerade sehr beschäftigt. Als ich vor einer Weile eine Beziehung mit einem Mann in einer anderen Stadt einging, las ich ein Buch über ein Paar, das trotz Fernbeziehung zusammengeblieben war. Ich brauchte ihren Mut, um mich selbst daran zu erinnern, dass ich genauso mutig sein kann – auch wenn es sich um eine fiktive Geschichte handelte. (Und leider war meine eigene Beziehung dann doch nicht von Dauer, aber das ist eine andere Geschichte.)

Oft finden wir in den Geschichten anderer unsere eigene Geschichte wieder. Dann wird uns klar, dass wir mutiger sind, als wir uns selbst oft zutrauen. Wenn wir uns dann gegenseitig anfeuern und den Mut der anderen sehen, werden wir alle immer mutiger.

. . . .

Sei mutig: Achte darauf,
wo du um dich herum Mut erkennst,
und dann sprich es aus.

Tag 5

Fang einfach an

. . . .

[Saul sagte zu David:]
„Möge der Herr dir beistehen."
1. Samuel 17,37b

Ich glaube, das Schwerste am Schreiben ist das leere Blatt. Oder der leere Computerbildschirm. Man sagt, ein Autor zu sein bedeute, für den Rest seines Lebens jeden Tag Hausaufgaben aufzuhaben. Ich finde, das trifft es ganz gut. Du kennst das Gefühl doch sicher auch, wenn du eine Hausarbeit schreiben oder einen Auftrag bearbeiten musst und weißt, dass du es schaffen kannst – wenn du doch nur *endlich* einen Anfang fändest.

. . . .

Sobald du den ersten Schritt gehst, beginnen kleine Mut-Samen in deinem Herzen aufzugehen.

. . . .

Aller Anfang ist schwer, ob es nun um das Schreiben eines Buches, das Training für einen 5-Kilometer-Lauf oder um irgendeinen anderen Traum geht, den wir anpacken und verwirklichen wollen. Aber wenn du die Reise hin zu einem Ziel antrittst – egal, welches das in deinem Fall konkret ist –, ist das keine Reise *hin* zum Mut, denn er ist bereits in dir angelegt und wird sich „unterwegs" zeigen.

Sobald du den ersten Schritt gehst, sobald du mit etwas anfängst, beginnen kleine Mut-Samen in deinem Herzen aufzugehen. Samen, die dort jetzt schon eingesät sind. Ja, du musst deinen Mut nicht erst irgendwo da draußen suchen. Er ist bereits in dir und wächst und gedeiht, während du unterwegs bist und Ja zu den Dingen sagst, vor denen du dich eigentlich fürchtest.

Diese kleinen Mut-Samen sind in deinem Herzen bereits vor Wochen, wenn nicht sogar vor Jahren, langsam gewachsen. Dann kam der Moment, und dein Herz hat plötzlich begonnen, in einem anderen Rhythmus zu schlagen. Und jetzt stehst du hier und bist bereit, den ersten mutigen Schritt zu gehen.

Du musst einfach nur anfangen. Hörst du die flüsternde Stimme deines Herzens? Vielleicht geht es in deinem Fall darum, etwas aufzuschreiben. Ein Lied zu singen. Jemanden anzurufen. Mit jemandem ein anstehendes Gespräch zu führen. Dir eine Geschichte auszudenken. Einen Scheck auszustellen. Eine bestimmte Reise zu buchen. Eine E-Mail zu schreiben. Mit jemandem auszugehen. Ein Buch zu lesen. Dich zu etwas anzumelden.

Ich könnte noch mehr Möglichkeiten nennen, aber du weißt viel besser als ich, was Gott in deinem Leben tun will. Jetzt ist es an der Zeit, ruhig vor dem Herrn zu werden und ihn zu fragen, wie du *heute* ein Leben voller Mut leben kannst.

Fang einfach an.

. . . .

Sei mutig: Welcher mutige Schritt
hilft dir heute dabei, einen Anfang zu finden?

Hab den Mut,
du selbst zu sein

Die Welt braucht dich – genau so,
wie du bist!

Tag 6

Die Lügen, die du glaubst

. . . .

„Hat Gott wirklich gesagt,
dass ihr von keinem Baum die Früchte essen
dürft?", fragte sie [die Schlange] die Frau.
„Natürlich dürfen wir", antwortete die Frau,
„nur von dem Baum in der Mitte des Gartens
nicht. Gott hat gesagt: ‚Esst nicht von seinen
Früchten, ja – berührt sie nicht einmal,
sonst müsst ihr sterben!'" „Unsinn!
Ihr werdet nicht sterben",
widersprach die Schlange.

1. Mose 3,1b–4

Eva war die erste Frau, die mit Worten getäuscht wurde – aber leider nicht die letzte. Gott hatte das eine gesagt, Satan das andere … und Eva fiel auf Satans Lügen herein. Sünde und Schande kamen in unsere Welt und Jesus bezahlte dafür mit seinem Leben.

Weißt du, wenn es dir schwerfällt, die Wahrheit von der Lüge zu unterscheiden, bist du damit nicht allein. Alle Menschen ringen damit. Es ist schwer, die Wahrheit zu erkennen, wenn man total verwirrt ist und falsche Behauptungen unser Denken überfluten. Und Satan ist jemand, der immerzu versucht zu töten, zu stehlen und zu zerstören (lies nach in Johannes 10,10) – und das macht er, indem er uns Lügen einflüstert. Satan ist ein Lügner. Ich weiß, dass du das schon weißt, aber lass es mich trotzdem noch einmal sagen: *Er ist ein Lügner.* Er will dich definieren, dir einen Stempel aufdrücken und dich davon abhalten, mutig zu sein und die Aufgaben anzugehen, die Gott für dich bereithält.

Wenn Satan dich belügt (zum Beispiel, indem er dir einredet: „Du hast null Talent!"), fängst du an, diesen Gedanken in dir zu bewegen und spinnst ihn weiter: *Sie macht diesen Job viel besser als ich. Ich bin bestimmt die dümmste Person im ganzen Büro.*

Und bald führen die Lügen über dich zu Lügen über andere („Hast du schon den neuen Kollegen kennengelernt? Nicht gerade der Schlaueste, dieser Typ …"), weil du verletzt und unsicher bist. Du hörst eine Lüge, behandelst sie wie die Wahrheit, und so beginnt sie, dich zu definieren, als hätte man dir einen Stempel aufgedrückt. Irgendwann verhältst du dich dann so, wie es diesem Stempel entspricht.

> **Es ist schwer, die Wahrheit zu glauben, wenn man total verwirrt ist und falsche Behauptungen unser Denken überfluten.**

Es ist ein Teufelskreis, den man nur mit einer großen Dosis Wahrheit durchbrechen kann – durch das, was echt ist. Deswegen liebe ich die Bibel. In seinem

Wort hat Gott dir bereits alle Stempel aufgedrückt, die du brauchst, und dort lernen wir, wie wir mit uns selbst und anderen umgehen sollen.

Bitte hör nicht länger auf Satans Lügen und auf die Stempel, die er dir aufdrücken will, sondern glaube der Wahrheit, die in Gottes Wort steht.

. . . .

Sei mutig: Lies die Geschichte von David
und Goliat (1. Samuel 17).
Welche Stempel bekam David
von anderen aufgedrückt?
Welche davon entsprachen der Wahrheit?

Tag 7

Die Wahrheit, die dich frei macht

. . . .

Aber Jesus wehrte ab:
„Es steht in der Heiligen Schrift:
‚Der Mensch lebt nicht allein von Brot, sondern
von allem, was Gott ihm zusagt!‘"
Matthäus 4,4

Die Geschichte von Jesu Versuchung in der Wüste enthält so viele Themen, über die wir hier reden könnten – wie Gott uns versorgt, die Kraft der Heiligen Schrift, Versuchung. Aber sie ist vor allem ein weiteres Beispiel für den Kampf der Wahrheit gegen die Lüge – und sie ist ein Beispiel dafür, wie mutig der Glaube an die Wahrheit macht.

Jesus stand der Versuchung durch Satan von Angesicht zu Angesicht gegenüber. Er blickte dem Feind direkt ins Gesicht. Aber Jesus bot seinen Lügen die Stirn und sprach die Wahrheit in die Situation hinein. Er kannte die Wahrheit und er *glaubte* sie. Jedes Mal wenn Satan Jesus ein verlockendes Angebot machte, konterte er mit einem Bibelvers. Immer wieder erinnerte er Satan daran, wer hier eigentlich das Sagen hat.

Die Wahrheit, die frei macht, ist Gottes Wort. Wenn du deine Gedanken mit seinen Worten füllst, wird dich das mutig machen. Seite für Seite, Vers für Vers, hat Gott bereits gesagt, wer du bist. Du bist erlöst und darfst wirklich glauben, dass du so bist, wie Gott dich sieht. Dass die Bibel wahr ist. Dass du zutiefst geliebt bist, egal, was geschieht. Hast du den Mut, Gott das alles zu glauben?

Die Wahrheit zu glauben ist immer eine Entscheidung. In jeder Situation, jedem Gespräch und jedem Moment, in dem du anfängst, dich selbst zu kritisieren, hast du die Wahl: Entweder du kämpfst für die Wahrheit oder gibst den Lügen nach.

Du wirst stärker sein als je zuvor, wenn du verstehst, dass du bereits die Person bist, die Gott in dir sieht, und dass es dabei keine Rolle spielt, was andere in dir sehen oder wer du selbst zu sein glaubst.

Lass mich dir etwas über den Glauben an die Wahrheit erzählen und wie dieser Glaube mein Leben verändert hat: Ich bin frei. Ich kann frei leben, reden und lieben, weil ich glaube, dass ich die Person bin, von der Gott sagt, dass ich sie bin. Meine Stimme der Selbstkritik ist leiser geworden (nicht ganz verstummt, aber leiser), meine Sorgen sind leichter geworden (ich spüre sie noch, aber habe nicht mehr so schwer an ihnen zu tragen), und mein Herz ist erfüllter, weil ich weiß, wie sehr Gott mich liebt.

> *Die Wahrheit zu glauben ist immer eine Entscheidung.*

. . . .

Sei mutig: *Schreibe dieses Gebet in dein Tagebuch (du kannst natürlich auch ein eigenes schreiben): Gott, sag mir die Wahrheit darüber, wer ich bin. Ich höre dir zu. Ich möchte frei sein von all den Lügen – bitte mach du mich wirklich frei. Schenk mir Wahrheit im Überfluss.*

Tag 8

Du bist kein Fehler

....

Herr, ich danke dir dafür,
dass du mich so wunderbar und
einzigartig gemacht hast!
Großartig ist alles, was du geschaffen hast –
das erkenne ich!
Psalm 139,14

Ich mag Fernsehspots, die uns daran erinnern, dass wir an uns glauben und Vertrauen in uns selbst haben sollten und dass wir alles schaffen können, was wir wollen. Ich denke da an einen ganz bestimmten Spot, in dem ein TV-Star etwas gekünstelt auf der Lehne einer Couch sitzt und in die Kamera sagt: „Wovon auch immer Sie träumen – Sie können es verwirklichen. Glauben Sie an sich!" Wie auch in den anderen Spots dieser Reihe, die regelmäßig über ganz verschiedene Themen informiert, heißt es dann am Ende: „The more you know …" (zu Deutsch: „Je mehr du weißt …")

Und eins weiß ich ganz sicher: nämlich, dass ich nicht (nur) an mich selbst glauben sollte – zumindest nicht so, wie es mir diese Fernsehspots nahelegen. Ich bin lange genug ich selbst, um zu wissen, dass ich niemand bin, an den man glauben sollte. Ich bin gut darin, Dinge zu vermasseln. Ich verletze die Gefühle anderer. Ich nehme einige Dinge zu wichtig und andere wiederum nicht wichtig genug. Ich verliere leicht die Orientierung. Ich bin nicht perfekt. Und ich möchte meine Hoffnung und mein Vertrauen einfach nicht auf eine Person setzen, die so fehlerhaft ist wie ich.

Ich mache zwar Fehler, aber ich bin kein Fehler.

Auch wenn ich an sich dankbar bin für die Aussage dieser Fernsehspots, glaube ich nicht, dass sie ganz richtig ist. Ich glaube an das Ich, das Gott gemacht hat, und an das Ich, das Gott machen kann, aber nicht immer an das Ich, wie es sich gerade verhält. Ich glaube, dass Gott sich etwas dabei gedacht hat, als er mich schuf, und dass er dabei keinen Fehler gemacht hat. Und genau das macht mir Mut – zu wissen, ich *mache* zwar Fehler, aber ich *bin* kein Fehler. Und das sollte auch dir Mut machen!

Vielleicht waren deine Eltern nie verheiratet und haben dich nicht geplant, vielleicht bist du von Geburt an blind oder taub, vielleicht fehlt dir ein Körperteil. Was auch immer es ist – du bist kein Fehler. Denn Gott macht keine Fehler.

Ich kenne meine Neigungen und Ängste, aber genauso kenne ich auch meine Gaben und Hoffnungen. Die Bereiche, in denen all diese Dinge aufeinandertreffen, sind genau die Bereiche, in denen Gott mich anfeuert, eine mutige Entscheidung zu treffen.

Wir können selbstbewusst sein, weil wir so sind, wie Gott uns geschaffen hat. Sein Wort sagt, dass wir wunderbar und einzigartig gemacht sind. Aber wir können dieses Leben nicht aus eigener Kraft meistern – und auch nicht aus eigener Kraft mutig sein.

· · · · · · · · · · · · · · · · · · · ·

Sei mutig: Erinnere jemanden, den du liebst –
zum Beispiel eine Freundin,
deinen Partner oder dein Kind – daran,
dass Gott keine Fehler macht.

Tag 9

Dein Herz

. . . .

Aber du bist
ein gnädiger und barmherziger Gott.
Deine Geduld ist groß, deine Liebe und
Treue kennen kein Ende.
Psalm 86,15

Gott liebt es, dich zu lieben. Mir gefällt der Gedanke, dass Gott jedes Mal, wenn ich einen Atemzug mache oder meine Lungen Blut in mein Herz pumpen, etwas Liebevolles über mich sagt. Denn genau das liebt er so sehr!

Unser Gott, der Eine, der dir das Leben eingehaucht hat und dich immer wieder neu lebendig macht, ist voller Liebe für dich – egal, was du getan hast oder wo du gewesen bist. Für eine Person wie mich, die recht gut darin ist, Dinge zu vermasseln und sich dann schuldig zu fühlen, ist es wirklich, wirklich gut zu wissen, dass Gott mich aufgrund meiner Taten niemals mehr oder weniger lieben wird.

Denk mal darüber nach: In den Augen Gottes bist du durch Jesus heilig, auserwählt und zutiefst geliebt. *Wow.* Das stillt meine Ängste – jene, die mir einflüstern wollen, dass ich allein, nicht liebenswert und unwürdig bin – und es gibt mir Mut.

Lass Gott in dein Herz! Gewähre ihm Zutritt zu diesen verborgenen Orten tief in dir drin, wo du dich verletzt und allein fühlst und immer wieder von Angst überfallen wirst. Lass ihn dich lieben, leiten und zu der mutigen Person machen, die er in dir sieht und bereits angelegt hat – und ich verspreche dir, das wird das größte Abenteuer deines Lebens!

Gott hat mich selbst dann noch geliebt, als ich absolut nicht liebenswert war. Wie tief auch der Abgrund meiner Sünde war, wie sehr ich mich gegen ihn auflehnte, und wenn ich auch noch so wütend war und Hass verspürte – er entschied sich trotzdem, mich zu lieben. Und du musst wissen, ich kann wirklich eine ganz schöne Kratzbürste sein! Leider werde ich wohl immer mal wieder eine Kratzbürste sein. Und doch liebt Gott mich ganz und gar – jedes kleine Teil von mir. Ich kann mir seine Liebe nicht erarbeiten, ich verdiene sie nicht, und doch versinke ich förmlich in ihr.

Unser Gott, der Eine, der dir das Leben eingehaucht hat und dich immer wieder neu lebendig macht, ist voller Liebe für dich – egal, was passiert.

Also tue ich das bisschen, was ich kann, um seine Liebe zu erwidern – und dasselbe kannst auch du tun. Und wie? Nun, indem du als Antwort auf seine Liebe mutige Entscheidungen triffst, die Gott die Ehre geben.

Hat Gott dir vielleicht eine Leidenschaft für etwas geschenkt, das du bislang noch nicht versucht hast – weil du dich einfach nicht getraut hast? Singst du vielleicht gern? Dann sing Gott ein Liebeslied! Schreibst du gern? Schreib ein Buch (oder vielleicht auch erst mal nur einen Text) über deine Liebe zu Gott! Oder liebst du es zu tanzen? Zu malen? Sport zu machen? Kümmerst du dich gern um Waisen und ältere Menschen?

Was auch immer es ist: Verlass dich darauf, dass du von Gott geliebt und auserwählt bist, und wage es, Gottes Liebe zu erwidern, indem du deine Leidenschaften für ihn einsetzt.

. . . .

Sei mutig: *Wie antwortet dein Herz*
auf Gottes Liebe?

Tag 10

Deine Füße

....

Wer von sich sagt, dass er zu ihm gehört,
der soll auch so leben, wie Jesus gelebt hat.

1. Johannes 2,6

Irgendwie mag ich meine Füße, denn im Gegensatz zu meinen
Wurstfingern habe ich recht wohlgeformte Zehen. Und ich liebe
Pediküre! Gerade erst habe ich darüber nachgedacht, welchen
Nagellack ich gern als Nächstes hätte – und ich ziehe ernsthaft
ein Knallgelb in Erwägung!

Das will ich schon seit einer Weile endlich einmal ausprobie-
ren, aber bisher brachten meine Freundinnen mich immer davon ab und empfahlen mir stattdessen verschiedene Rosatöne.
Aber ich kann dem Wunsch nach diesem knalligen Gelb nicht
länger widerstehen, und so habe ich mich dazu entschieden, es
einfach als „mutige" Farbwahl zu betrachten.

Als Kind trug ich ständig Turnschuhe. Als Fußballerin und
Wildfang waren sie immer meine erste Wahl. Mit Turnschuhen

ist man auf der sicheren Seite – sie geben mir Halt und sind nicht rutschig (anders als Flipflops), sie sind bequem (im Gegensatz zu den meisten High Heels), und sie halten eine ganze Weile. Wenn ich so darüber nachdenke, merke ich, dass ich sie noch immer liebe.

In Turnschuhen können wir mit unseren Füßen wirklich fantastische Sachen machen. Aber einer der besten Wege, wie du Gott mit deinen Füßen die Ehre geben kannst, ist, andere Menschen zu führen. Wenn du Menschen zu einem Leben in Fülle und einer wirklichen Beziehung mit einem realen Gott führst. Wenn du sie weg von der Sünde und weg von Entscheidungen führst, die Schmerz verursachen. Oder am besten: Wenn du Menschen durch das gute Beispiel deines eigenen Lebens führst.

Viele empfinden den Gedanken, jemanden oder etwas zu führen, als beängstigend. Für andere wiederum fühlt es sich ganz normal an – als gäbe es nichts Besseres. Aber egal, wie du gestrickt bist: Wenn du deine Füße benutzt, um andere zu führen, musst du mutig sein.

Einer der besten Wege, wie wir Gott mit unseren Füßen die Ehre geben können, ist, andere zu führen.

Vergiss nur eines niemals: Ob du nun knallgelben Nagellack auf den Fußnägeln trägst, einer älteren Nachbarin hilfst, indem du ihren Rasen mähst, oder die Kleidung von Straßenkindern in Indien wäschst – du wurdest dazu geschaffen, in die Fußstapfen von Jesus zu treten und das zu tun, was auch er tat. Nämlich anderen zu dienen. Weil Gott uns so sehr liebt, können auch wir andere lieben, ihnen dienen und sie führen. Und wir müssen keine Angst davor haben. Wir können mutig sein.

Benutze also deine Füße und fang an, zu gehen und zu reden. Hab Mut und lass deine Füße dich auf dem Weg führen, den Gott für dich bereithält.

. . . .

Sei mutig: Gibt es bereits Bereiche,
in denen du andere führst?
Danke Gott dafür und bitte ihn
um noch mehr Möglichkeiten.

Tag 11

Deine Gedanken

....

Passt euch nicht den Maßstäben dieser Welt an,
sondern lasst euch von Gott verändern,
damit euer ganzes Denken neu ausgerichtet
wird. Nur dann könnt ihr beurteilen,
was Gottes Wille ist, was gut und vollkommen
ist und was ihm gefällt.
Römer 12,2

Woran denkst du gerade? Ich gebe dir mal einen kurzen Einblick
in die Gedanken, die mir genau in diesem Moment durch den
Kopf schießen: *Diesen Typen, der gerade ins Café kommt, kenne
ich doch von irgendwoher. Ich hatte schon bessere Chai Latte als
den hier. Warum funktioniert das WLAN hier nicht? Der Typ da
hat aber ganz schön viel Bart. Ganz schön viel …*
Dein ganzer Körper ist abhängig von der Arbeit deines Ge-
hirns. Das Gehirn ist das wichtigste Organ. Man kann bei einem
Menschen eine Herz- oder Lungentransplantation durchführen,

sogar Arm- oder Beinamputationen; aber es gibt keinen Ersatz für das Gehirn, das Gott dir geschenkt hat. Deine Gedanken sind einzigartig.

Und unsere eigene Vorstellungskraft ist wirklich erstaunlich. Denk nur mal drüber nach: Jedes Buch, jedes Lied oder jedes Paar Flipflops, jede Fernsehsendung, jedes Gebäude und Stadtnetz, jedes Möbelstück – einfach alles! – war einmal eine Idee. Nur ein Gedanke im Gehirn irgendeines Menschen.

Alles ist abhängig von deinem Gehirn.

Und weil dein Gehirn so wichtig ist – schließlich sind in ihm nicht nur geniale mathematischen Gleichungen, sondern auch berühmte Zitate, Kinderlieder und dein Sinn für Mode zu Hause –, musst du es unbedingt beschützen.

Dein Kopf ist ein Behälter, aber ein sehr fragiler. Mutig zu sein heißt in diesem Fall, Maßnahmen zu ergreifen, um ihn zu beschützen. Er füllt sich mit Dingen – das liegt nun mal in seiner Natur. Aber du musst entscheiden, *mit was* dieser wertvolle Behälter gefüllt werden darf.

Was sind die Tore zu deinen Gedanken? Deine Augen und deine Ohren. Deshalb solltest du darauf aufpassen, was du dir anhörst und anschaust. Denn diese Dinge werden große Auswirkungen auf deine Gedanken (und dein Herz) haben. Es ist so wichtig, weise zu entscheiden, womit du dich beschäftigst!

Gleichzeitig liegt in deinen Gedanken so viel Potenzial. Nutze deine Vorstellungskraft sinnvoll – erschaffe schöne Dinge, setze tolle Ideen in die Tat um, schicke Menschen, die dir spontan in den Sinn kommen, einen liebevollen Gruß. Wenn Gott dir einen Geistesblitz schenkt und eine geniale Idee in den Kopf setzt, habe den Mut, sie zu verwirklichen. Vertraue diesen Geistesblitzen!

In unseren Gedanken liegt so viel Kraft. Ich bete dafür, dass du Gott bittest, dir immer mehr von *seinen* Gedanken zu schenken, den Gedanken Christi. Und ich bete, dass du den Mut hast, deine Gedanken zu beschützen, deine schädlichen Denkweisen und Gedankenmuster von Gott verändern zu lassen und den genialen Ideen mehr Raum zu geben, die diese Welt verändern können, wenn du sie Wirklichkeit werden lässt. Und das können sie werden! Diese Geistesblitze – ich glaube fest an sie!

. . . .

Sei mutig: Welcher Gedanke oder Geistesblitz,
welche Idee in deinem Kopf
könnte vielleicht von Gott kommen?
Schreibe es auf – und mach irgendwann etwas
mit dem Geistesblitz!

Tag 12

Sprich freundlich zu dir

....

Worte haben Macht: Sie können über Leben
und Tod entscheiden. Wer sich gerne reden
hört, muss mit den Folgen leben.
Sprüche 18,21

Als mir heute Morgen nicht gefiel, wie meine Jeans an mir aussah, gestand ich mir das ehrlich ein. Die alte Annie hätte dann
jedoch noch mit einer Flut von hässlichen Bemerkungen über
ihr Aussehen weitergemacht. Stattdessen blickte ich nun in den
Spiegel und sagte zu mir selbst: „Hey, zieh dir doch einfach eine
andere Jeans an. Ist ja keine große Sache." Und so schüttelte ich
die selbstverurteilenden Gedanken ab und zog mich einfach
um.

In Sprüche 18,21 steht, dass alles, was wir sagen, entweder Leben oder Tod zur Folge hat. Und wenn du zu dir selbst sprichst,
gilt das genauso, wie wenn du zu anderen sprichst. Wie bei meinem Spiegelmoment heute Morgen muss ich die Worte des

Lebens den Worten des Todes vorziehen. Ja, meine Selbstgespräche sollten Worte des Lebens sein – ehrlich, freundlich und voller Kraft.

Hör bitte damit auf, gemein zu dir selbst zu sein! Im Ernst. Wenn du eine Person sein willst, die die mutigen Dinge tut, zu denen Gott sie beruft – das heißt, wenn deine Worte anderen Leben schenken und in ihnen Schönes zum Vorschein bringen sollen –, dann musst du damit als Erstes bei dir selbst anfangen.

Selbstgespräche spielen im Leben jedes Menschen eine große Rolle. Permanent und unkontrolliert gehen uns Gedanken durch den Kopf, die unseren Tag bestimmen. Wir können gar nicht anders, als auf sie zu hören. Was also tun mit den negativen Gedanken? Denjenigen, die dich kleinmachen und dir ein Gefühl der Angst und des Ungeliebtseins vermitteln?

Ganz einfach: Es ist Zeit, sie rauszuschmeißen. Halte einen Moment inne, erkenne die Lüge und sprich an ihrer Stelle die Wahrheit über dich aus.

Wenn du freundlich mit dir sprichst, wird dich das mutiger machen. Vielleicht fällt es dir schwer, positive Dinge zu dir selbst zu sagen. Dann denke immer wieder daran: Man kann sich die Liebe Gottes nicht erarbeiten oder sie verdienen. Gott liebt uns, obwohl wir es nicht verdienen (lies nach in 1. Johannes 4,19).

Wenn du freundlich zu dir sprichst, wird dich das mutig machen.

Du hast dir diese Liebe nicht erarbeitet, sie ist ein Geschenk. Nicht weil wir perfekt sind, versuchen wir, die Lügen zu besiegen und die Wahrheit zu glauben und uns selbst zu lieben. Nein, wir tun es, weil Gott uns trotz unserer Unvollkommenheit zutiefst liebt und uns so gemacht hat, wie er es wollte.

Du kannst freundlich zu dir selbst sprechen, weil Gott dich von ganzem Herzen liebt – weil du sein Geschöpf bist. Sprich freundlich zu dir, wie auch Jesus freundlich zu dir spricht. Gute Worte haben Kraft, und wenn du ihnen glaubst, wirst du mutig sein.

· · · · · · · · · · · · · · · · · · · ·

*Sei mutig: Schreibe einen kurzen Brief
an dich selbst und zähle drei Dinge an dir auf,
für die du dankbar bist – und mache es wirklich!*

Tag 13

Steh zu dem, was du magst

....

Denn der Geist, den Gott uns gegeben hat,
macht uns nicht zaghaft, sondern er erfüllt uns
mit Kraft, Liebe und Besonnenheit.
2. Timotheus 1,7

Ich wünschte, ich hätte in meiner Jugend gewusst, dass ich zu allem stehen kann, was ich mag.

Ich hatte es geliebt, in der Mittelschulband zu spielen. Musik war schon immer meine große Leidenschaft. Ich habe mir sogar selbst das Klavierspielen beigebracht, und zwar mit einem kleinen Keyboard mit drei Oktaven und einem Gesangbuch, das mein Chorleiter uns am Ende der dritten Klasse geschenkt hatte.

Als ich dann in die Mittelschule kam, trat ich sofort in die Band ein. Es war eine schwere Entscheidung zwischen Band und Orchester, weil ich zwischen Waldhorn und Cello hin und her gerissen war. Während meine Freundin und Nachbarin Grace dem Orchester beitrat, fühlte ich mich eher zum Waldhorn hingezogen. Und Junge, was habe ich das Ding geliebt! Aber sobald ich auf die Highschool wechselte, habe ich damit aufgehört – ich glaubte, in der Band zu sein, sei uncool.

Mein Selbstwertgefühl war so niedrig, dass ich etwas aufgab, was mir wirklich Spaß machte. Ich tat alles dafür, als cool wahrgenommen zu werden. Hätte ich den Mut gehabt, zu dem zu stehen, was ich damals mochte, hätte ich weiterhin Waldhorn gespielt. Vermutlich hätte ich Spaß daran gehabt. Vielleicht würde ich dann heute im Symphonieorchester von Nashville spielen, anstatt mich zu fragen, ob ich überhaupt noch weiß, wie man das Instrument spielt. Aber damals glaubte ich, es sei wichtiger, etwas „Cooles" zu tun als das, was ich liebte. Ich brauchte die Zustimmung von allen anderen, weil ich sie mir selbst nicht gab.

> *Ich glaubte, es war wichtiger, etwas „Cooles" zu tun als das, was ich liebte. Ich brauchte die Zustimmung von allen anderen, weil ich sie mir selbst nicht gab.*

Ich wünschte, dieses Problem hätte ich mit der Pubertät hinter mir gelassen, aber so ist es leider nicht. Manchmal fällt es mir immer noch schwer, von der Person, die ich sein möchte, oder den Dingen, die ich tun möchte, auch dann überzeugt zu sein, wenn es vielleicht nicht cool oder populär ist.

Weißt du, was mutig ist? Wenn du dir selbst erlaubst, die Dinge zu tun, die du tun willst, und zu dem zu stehen, was *du* magst.

Ich wünsche dir, dass du lernst, dich selbst zu lieben, mehr und mehr. Und dass du den Mut hast, zu dem zu stehen, was du liebst, statt dich davon abzuwenden, weil du glaubst, dass du nur

so von anderen akzeptiert wirst. Du bist von Gott angenommen.
Und ich hoffe, du nimmst dich auch selbst an.

. . . .

Sei mutig: Ich liebe Listen!
Erstelle heute eine Liste mit fünf Dingen,
die du wirklich magst: Hobbys, Musiker,
Essen, Orte, Fernsehsendungen.
Erlaube dir selbst, das zu mögen, was du magst.

Tag 14

Gott hat sich etwas dabei gedacht, als er dich schuf

....

Ja, Herr, du bist auch in Zukunft für mich da,
deine Gnade hört niemals auf!
Was du angefangen hast,
das führe zu einem guten Ende!
Psalm 138,8

Ich mag die Vorstellung, dass mich Gott nur ein einziges Mal geschaffen hat. Wie ein Gemälde – das erste ist immer etwas Besonderes. Mein Cousin Joe ist leider vor Kurzem verstorben, aber solange ich denken kann, war er Maler gewesen. Ein Künstler. Mein Zuhause ist voll von Gemälden und Skizzen und Illustrationen, die er nur für mich angefertigt hat.

Eines der Gemälde, die er mir geschenkt hat, hängt an einem Ehrenplatz in meinem Esszimmer. Es ist groß und abstrakt, lila, blau und schwarz und einfach verrückt. Ich liebe es! Vor einigen Jahren fragte ich Joe, was für ihn den Unterschied ausmache zwischen dem Reproduzieren von Bildern und dem Malen von Originalen. Seine kurze Antwort lautete: „Originale sind zwar Arbeit, machen aber auch Spaß. Kopien dagegen, ob nun exakte oder abgewandelte, sind langweilige, wenn nicht sogar geistlose Arbeit. Etwas zu schaffen ist wie das Lösen von Problemen, und wenn man die ursprünglichen Probleme einmal gelöst hat, kann man auch schlauen Affen beibringen, es nachzumachen. Es ist in etwa so, als würde man einen Küchenchef bitten, die außergewöhnlichste französische Zwiebelsuppe der Welt zu kreieren, und ihn dann, wenn er alle Erwartungen übertroffen hat, jeden Tag wieder diese Suppe kochen zu lassen."

Gott hat dich nur ein einziges Mal geschaffen. Und für dieses eine Mal warst du die ganze Arbeit wert. Dann hat er die Form weggeworfen, denn ein Exemplar von dir ist ihm genug. Du bist genug. Du bist das heilige Gemälde, das Original. Gott hat sich etwas dabei gedacht, als er uns so schuf. Es ist kein Fehler, dass wir so gestaltet sind, wie wir sind. Aber warum? Aus welchem Grund hat Gott uns Menschen erschaffen?

Wenn wir so einzigartig sind, wie die Bibel sagt, dann sieht auch die Berufung zum Mutigsein bei jeder und jedem anders aus.

Schau dir Jesaja 43,7 an: „Denn sie alle gehören zu dem Volk, das *meinen* Namen trägt. *Ich* habe sie zu *meiner* Ehre geschaffen, ja, *ich* habe sie gemacht" (Kursivsetzung durch mich). Gott hat uns zu seiner Ehre geschaffen. Jetzt folgt eine kleine Lehrstunde über das Alte Testament: Das Wort *schaffen* heißt im Hebräischen *bara*. Wenn dieses besondere Wort benutzt wird, ist Gott das alleinige Subjekt – er tut die ganze Arbeit. Nur er kann auf diese besondere Art und Weise erschaffen. Wir können vielleicht ein Bild oder Chaos erschaffen, aber als Menschen können wir nicht *bara*. Als Gott dich also machte, tat er etwas, das nur er tun konnte, und er tat es zu seiner Ehre.

Diese kurze Hebräischlektion lehrt uns etwas: In der Originalsprache des Textes erkennen wir, dass wir laut der Bibel von Gott eigens dafür geschaffen wurden, um ihn großzumachen, zu verherrlichen und anzubeten.

Und was hat das jetzt mit Mut zu tun?

Wenn wir so einzigartig sind, wie die Bibel sagt, dann sieht auch die Berufung zum Mutigsein bei jedem und jeder von uns anders aus. Jede und jeder muss auf seine eigene Weise mutig sein. Das Gemälde deines Lebens ist ein Meisterstück, das niemals reproduziert werden wird, und dieses Gemälde braucht einen mutigen Pinselschwung, der alles zu Gottes Ehre und zu deinem Wohl verändert.

Vielleicht möchtest du in ein anderes Land ziehen, um dort von Jesus zu erzählen. Das ist echt mutig von dir! Aber auch eine Mutter, die zu Hause bei den Kindern bleibt, ist mutig. Oder ein Kabeltechniker. Oder eine Autorin oder ein Baseballspieler oder eine Küchenchefin. Mut sieht bei jedem von uns anders aus.

Als Gott dich schuf, hat er sich etwas dabei gedacht. Er hat dich einzigartig gemacht und dich dazu berufen, mutig zu sein. Und Gott wird dich mit allem ausrüsten, was du dazu brauchst.

. . . .

Sei mutig: Schreibe in dein Tagebuch
(oder direkt hier auf den Seitenrand),
was dein Leben einzigartig macht.
Was magst du? Wie verbringst du deine Zeit?
Wie unterscheidet sich dein Leben
von dem aller anderen?

Hab den Mut, Gott zu glauben

Er ist der, der er zu sein behauptet.
Versprochen.

Tag 15

Stell die harten Fragen

. . . .

„Rufe zu mir, dann will ich dir antworten und
dir große und geheimnisvolle Dinge zeigen,
von denen du nichts weißt!"
Jeremia 33,3

Der Herbst in Schottland, meiner zweiten Heimat, ist wirklich
schön. Draußen ist es schon recht frisch, und die Tage werden
im Nu kürzer, aber in den frühen Nachmittagsstunden nimmt
die Natur eine goldene Farbe an, die ich noch nie zuvor gesehen
habe.

Einmal saß ich Anfang Oktober nach dem Mittagessen im
Starbucks gegenüber des *Eric Liddle Centres* nur mit meinem Tagebuch, meiner Bibel, einem Pfirsich-Muffin und einem Soja-
Chai. Ich fühlte mich total lebendig. All meine inneren Zylinder
liefen auf Hochtouren und ich war in Höchstform. Ich begann
zu schreiben und fragte mich, warum ich mich die ganze Zeit so
fühlte, als würde mein Herz vor Glück schier explodieren. Also

stellte ich Gott eine Frage: *Lieber Gott, was ist der Grund, weshalb ich mich so lebendig fühle?*

Zu dieser Zeit schien dies keine harte Frage zu sein, aber manchmal kann der Heilige Geist dich allein durch den Beginn einer Kommunikation mit Gott zu den herausfordernden Punkten führen. Ich erstellte eine Liste mit all den Dingen, die auf mein Leben in diesem Moment zutrafen. Ich lebte in Schottland, ich war Single und ich war als Uni-Seelsorgerin tätig.

Und dann, ganz leise, hörte ich Gott in meinem Herzen sagen: *Du kannst überall Uni-Seelsorgerin sein.* Und da wusste ich es. Ich lehnte mich mit einem gewissen Gefühl der Ehrfurcht auf meinem Stuhl zurück und sagte laut (zu allen und niemandem): „Oh – ich gehe nach Hause." Zurück nach Nashville.

> *Manchmal vermeiden wir es, Gott die harten Fragen zu stellen, weil wir die mögliche Antwort fürchten.*

Manchmal drücken wir uns davor, Gott die harten Fragen zu stellen, weil wir die mögliche Antwort fürchten. Dabei kommt es gar nicht darauf an, wie genau die Frage lautet – warum sich unser Leben so gut anfühlt, warum er uns dorthin gestellt hat, wo wir sind, wo wir als Nächstes hingehen sollen oder warum eine schmerzhafte Erfahrung, die wir machen mussten, immer noch so wehtut. Aber wenn es Gott ist, der antwortet, müssen wir vor der Antwort keine Angst haben.

Du musst tapfer sein, wenn du die harten Fragen stellen und die harten Antworten hören willst. Aber zu wissen, dass Gott nur unser Bestes will und wir seinen Antworten vertrauen können, ist ein großartiges Heilmittel gegen Angst.

Hab keine Angst, Gott die Dinge zu fragen, die du wirklich wissen willst. Vielleicht erhältst du nicht die Antwort, die du erwartest, aber du wirst eine Antwort bekommen. Manchmal wirst du keinen Grund erfahren – vielleicht willst du das manchmal auch gar nicht. Oder du weißt noch nicht mal, was du fragst oder wohin Gottes Antwort dich führen beziehungsweise von was sie dich wegführen wird.

Egal, um was es geht: Du kannst Gott fragen. Auch in schwierigen Themen oder Situationen kannst du ihn immer fragen: *Was ist dein Plan für mich? Was soll ich gerade lernen?* Und er wird dir die Antwort zeigen. Und weißt du, was diese Antworten bewirken? Sie bringen dir Frieden. Stell Gott die harten Fragen.

. . . .

Sei mutig: Gibt es eine Frage,
die du Gott aus Angst bisher nicht stellen
wolltest? Stell ihm diese Frage genau jetzt, laut,
und versuche, seine Antwort zu hören.

Tag 16

Glaube daran,
dass du nie alleine bist

....

„Ich bin immer bei euch,
bis das Ende dieser Welt gekommen ist!"
Matthäus 28,20b

Als Gott mir klarmachte, dass ich nach Nashville ziehen sollte, hatte ich Angst. Ich gehe noch nicht mal gern allein ins Badezimmer – ganz sicher wollte ich nicht allein in einen anderen *Bundesstaat* ziehen. Der Gedanke, an einem anderen Ort als Georgia zu leben, erschien mir absolut fremd.

Am Neujahrstag sprach ich mit zwei meiner besten Freundinnen darüber, Haley und Molly. Wir saßen in Haleys Wohnzimmer auf dem Boden, als ich ihnen die Geschichte erzählte, und zum Glück waren sie auf meiner Seite – der Seite, die sagte, dass Umziehen eine blödsinnige Idee sei und ich mir das sicher nur ausgedacht habe. „Wenn du gern als Autorin arbeiten möchtest", sagte Haley, „kannst du das denn nicht auch in

Atlanta tun? In Atlanta werden doch auch jede Menge Autoren gebraucht."

Ganze zwanzig Minuten überlegten und diskutierten wir. Dann hörten wir auf, und Tränen liefen uns übers Gesicht, als wir die Wahrheit erkannten. Gott wollte von mir, dass ich mutiger war, als ich es jemals für möglich gehalten hatte, aber dies würde uns alle traurig machen. Ich würde freiwillig einen Abschnitt in meinem Leben beginnen, in dem ich mich sehr allein fühlen würde.

Dann kam der August und auf einmal war es so weit. Das Ereignis, um das meine Gedanken, Gebete und Sorgen gekreist hatte, lag nicht länger in der Zukunft. Es war hier. Ich war hier. Keine Freunde. Keine Gemeinde. Keine Familie. Keine Ahnung, wo ich ein Postamt, Lebensmittelgeschäft oder Krankenhaus finden würde. Allein. Oder zumindest *fühlte* ich mich allein. Aber das war ich nicht.

Weißt du, was *Immanuel* bedeutet? Es ist einer der Namen Gottes und bedeutet „Gott mit uns". Weil Jesus den Preis für unsere Sünden bezahlt hat, ist Gott immer bei uns. Jesus sagte, dass er bei uns sein wird bis an das Ende aller Tage.

Vielleicht fühlst du dich allein. Aber das bist du nicht.

Siehst du? Auch wenn du dich allein fühlst, bist du es in Wirklichkeit nicht. Er ist der Eine, der bei dir bleibt, egal, was kommt. Und du bist mutig genug, zu glauben, dass sein Versprechen wahr ist. Er ist immer bei dir. Das kannst du glauben. Tu das, wozu Gott dich führt, auch wenn es hart ist. Du bist nie allein.

. . . .

Sei mutig: *Schau heute einfach mal
in den Spiegel und sag zu dir selbst:
„Meine Liebe (bzw. mein Lieber),
du bist nie allein."
Ich mache das oft – es ist eine so gute
Erinnerung.*

Tag 17

Tauche selbst in die Bibel ein

....

Die ganze Bibel ist von Gott eingegeben und
auf irgendeine Art und Weise für uns von
Nutzen – sie zeigt uns die Wahrheit, legt
unsere Rebellion offen, korrigiert unsere Fehler
und lehrt uns, nach Gottes Willen zu leben.
Durch das Wort werden wir für die Aufgaben,
die Gott für uns bereithält,
vorbereitet und geformt.
2. Timotheus 3,16–17 (aus The Message)

Mein Leben mit Jesus begann, als ich fünf Jahre alt war. Seit ich
lesen kann, habe ich also auch immer in der Bibel gelesen. Ich
bin wirklich dankbar dafür, dass ich immer eine Bibel hatte.
Aber nicht immer hat mir das Lesen darin auch Spaß gemacht.
Sie enthält doch so einige Teile, die ich weniger spannend finde –
Auflistungen, Gesetze und Dinge, die mein Verstand nicht ganz
erfassen kann.

Allerdings habe ich im Laufe der Jahre gelernt, die Bibel als das zu sehen, was sie wirklich ist: Eine Sammlung von Geschichten über ganz normale Menschen. Lektionen des Lebens. Und Seite um Seite beschreibt sie uns Gott, den wir lieben und dem wir dienen.

Wenn du nur in der Bibel liest, weil du glaubst, du *müsstest* das tun, wird dir die übernatürliche Kraft entgehen, die sie in deinem Leben entfalten kann. Die Bibel ist Gottes Weg, um mit dir zu kommunizieren und dich einzuladen, ihn kennenzulernen. Der Heilige Geist benutzt Gottes Wort, um uns die Wahrheit zu zeigen und uns unsere Schuld bewusst zu machen, um uns zu korrigieren und zu trainieren.

Die Bibel ist nicht langweilig. Sie besteht nicht nur aus Auflistungen oder Regeln und ist mehr als ein Bündel von schwer verständlichen Geschichten. Sie zeigt uns, wer Gott ist, und sie erzählt uns die Geschichte von seiner großen Liebe zu seinem Volk – und das sind wir.

> *Wenn du nur in der Bibel liest, weil du glaubst, du müsstest das tun, wird dir die übernatürliche Kraft entgehen, die sie in deinem Leben entfalten kann.*

Je mehr du selbst in die Bibel eintauchst, desto mehr wirst du nach ihr hungern. Je mehr du in der Bibel liest, desto besser wirst du Gott kennenlernen. Die Bibel ist immer deine beste Quelle, wenn du von Gott hören willst. Dort, schwarz (manchmal auch rot) auf weiß, stehen von Gott inspirierte Worte für dich. Gib dich nicht damit zufrieden, von deinem Pastor, einem Podcast oder christlichen Autoren hier und da ein paar

Verse aufzuschnappen. Tauche selbst in das Wort ein und erfreue dich an dem, was Gott uns mit der Bibel geschenkt hat – uneingeschränkte Informationen über sein Wesen und seine Gefühle für dich!

. . . .

Sei mutig: Im Internet findest du verschiedene Bibellesepläne und -hilfen, die dir beim regelmäßigen Lesen in der Bibel helfen können, zum Beispiel unter www.die-bibel.de

Tag 18

Bete

. . . .

Deshalb dürfen wir uns auch darauf verlassen,
dass Gott unser Beten erhört, wenn wir ihn um
etwas bitten, was seinem Willen entspricht.

1. Johannes 5,14

Gebet ist schon lange Teil meines Lebens – auch wenn mein
Verhältnis dazu nicht immer das einfachste war. Ich weiß, dass
es real ist; ich weiß, dass es Kraft hat; ich weiß, dass Gott uns
hört. Das heißt allerdings nicht, dass ich immer bekommen
habe, was ich wollte. Bei der ersten Gebetserhörung, an die ich
mich bewusst erinnern kann, war ich neun Jahre alt. Ich ging in
die dritte Klasse und war der Star im Frühlingskindermusical
unserer Gemeinde. (Okay, mich als „den Star" zu bezeichnen
ist vielleicht ein bisschen übertrieben, denn eigentlich war ich
nur einer der Stars – na gut, genau genommen nur eine der Dar-
stellerinnen, aber damals habe ich mich wirklich wie „der Star"
gefühlt.)

Ich war „Little Psalty". (Solltest du nicht wissen, wer das ist: „Psalty" ist ein singendes Gesangbuch, das den Kindern etwas von Gott erzählt). Ich zog mir dieses riesige Pappkostüm in Form eines Gesangbuchs an und warf einen Baseballschläger über meine Schulter. Dann lief ich durch die Menge und sang dabei das schöne alte Kirchenlied „Take my life and let it be" (zu Deutsch: „Nimm mein Leben, Jesus, dir übergeb' ich's für und für").

Als ich am Tag der Musicalaufführung von der Schule nach Hause kam, lag meine Mutter mit Migräne im Bett; nirgendwo brannte Licht. Mein Leben ist voller Erinnerungen an Migräne. Unzählige Male in meiner Kindheit brachten wir meine Mutter deswegen ins Krankenhaus oder verließen das Haus zusammen mit meinem Vater, damit sie Ruhe hatte. Als ich meine Mutter an diesem Tag im Bett sah, wusste ich sofort, dass es schlimm war. Sie flüsterte mir mit ihrer Kopfschmerzstimme zu, dass es ihr leidtue, aber sie könne leider nicht zur Aufführung am Abend kommen.

Durch Gebet können wir in eine direkte Verbindung mit dem größten aller Wesen treten, das schon immer da gewesen ist.

Mein zartes kleines Drittklässlerherz war gebrochen. Ich rannte die Treppe hoch in mein Zimmer, warf meinen Ranzen auf den Boden, kniete neben meinem Bett nieder, faltete meine Hände und betete so inbrünstig, wie ich nur konnte.

Ich kann mich nicht mehr an jedes Wort in diesem leidenschaftlichen Kindergebet erinnern; ich weiß nur noch, dass ich darum betete, dass Gott die Kopfschmerzen meiner Mutter heilen möge, damit sie zu der Aufführung kommen könnte. Ich bettelte, wie es nur eine Neunjährige tun kann, mit zusammengekniffenen Augen, und wiederholte immer und immer wieder dieselben Sätze.

Später am Abend in der Gemeinde, nur wenige Minuten bevor sich der Vorhang hob, flüsterte jemand meinen Namen. Ich stand auf den Stufen, bereit zum Singen, und da war meine Mutter an der Seite der Bühne und flüsterte mir zu, dass sie es geschafft hatte. Ich weiß, die Szene erinnert an einen kitschigen Film. Aber da lernte ich, wie kraftvoll Gebet ist.

Seitdem hat es Gebete gegeben, auf die Gott genau so geantwortet hat, wie ich es mir gewünscht hatte. Aber es gab auch Gebete, die scheinbar unbeantwortet blieben. Und es gab Situationen, für die ich gebetet hatte und die dann trotzdem völlig anders abliefen als gedacht, sodass ich mich manchmal frage, ob Gott und ich wirklich dieselbe Sprache sprechen.

An diesem Punkt kommt der Mut ins Spiel. Hast du den Mut zu beten und zu glauben, dass Gott dich hört und Dinge verändern kann? Hast du den Mut, von ganzem Herzen zu glauben, dass Gott etwas Wunderbares tun wird? Hast du den Mut, die ersten Worte zu ihm zu sprechen, nachdem du eine Weile geschwiegen hast? Beim Beten geht es wirklich nicht um uns. Durch Gebet können wir in eine direkte Verbindung mit dem größten aller Wesen treten, das schon immer da gewesen ist. Sich das bewusst zu machen erfordert Mut.

Also bete. Gott ist absolut real. Und er hört dir zu.

· · · · · · · · · · · · · · · · · · · ·

Sei mutig: *Bete heute.*
Du kannst einen kurzen Satz vor dich hin
murmeln oder ein paar Absätze in dein
Tagebuch schreiben. Sprich mit Gott.
Er hört zu.

Tag 19

Hab Glauben

....

Der Glaube ist
der tragende Grund für das,
was man hofft: Im Vertrauen zeigt sich jetzt
schon, was man noch nicht sieht.
Hebräer 11,1

Was heißt es eigentlich, an Gott zu glauben? Was ist Glaube?

Glaube heißt, sich einer Sache sicher zu sein. Von ihr überzeugt zu sein.

Aber das ist nicht immer so leicht. Was machst du also, wenn du dir wünschst, überhaupt oder mehr glauben zu können? Bitte Gott, dich mit Glauben zu erfüllen – mit Glauben an ihn, Glauben an seine Versprechen, Glauben an seine Wege. Und dann nutze die Gewissheit, die sich in deinem Herzen ausbreitet, um die Lügen des Feindes abzuwehren.

Der Feind kann so gut lügen, nicht wahr? Er lügt seit der Zeit im Garten Eden, als er Eva davon überzeugte, dass Gott nicht wirklich aufrichtig oder vertrauenswürdig sei. Und eben diese Lüge flüstert er auch uns ein. Lügen wie: „Du kannst Gott nicht vertrauen. Dein Glaube ist schwach … *Hast* du überhaupt Glauben?"

Wenn Satan dich provoziert oder dich dazu bringt, Gottes Wort oder seine Liebe für dich anzuzweifeln, was sollte dann dein erster mutiger Schritt sein? Halte den Schild des Glaubens über dein Herz, halte ihn hoch, um dich so vor den Pfeilen des Feindes zu schützen. Glaube einfach. Das ist nicht immer leicht – genauer gesagt ist es das sogar ziemlich selten, aber Gutes hat immer seinen Preis. Und was mit deiner Seele passiert, wenn du für den Glauben kämpfst, ist es definitiv etwas Gutes.

Bitte Gott, dich mit Glauben zu erfüllen – mit Glauben an ihn, Glauben an seine Versprechen, Glauben an seine Wege.

Dein nächster mutiger Schritt? Halte deine Augen fest auf Jesus gerichtet, denn „er hat uns den Glauben geschenkt und wird ihn bewahren" (Hebräer 12,2). Wenn Zweifel deine Gedanken trüben und es dir schwerfällt zu glauben, dann denke daran, dass Jesus das Kreuz gern ertrug, weil er dich so sehr liebte. Er wird dir helfen, im Glauben zu wachsen. Einer Sache kannst du dir sicher sein: Wenn du Gott bittest, deinen Glauben zu stärken, wird er es tun.

. . . .

Sei mutig: *Höre dir „Give Me Faith" von* Elevation Worship *an – vielleicht auch direkt ein paarmal hintereinander. Wenn du möchtest, halte die eindrücklichsten Textzeilen in deinem Tagebuch fest.*

Tag 20

Gott ist der, der er zu sein behauptet

. . . .

Gott ist kein Mensch, der lügt. Er ist nicht wie
einer von uns, der seine Versprechen bald
wieder bereut. Was er sagt, das tut er, und was
er ankündigt, das führt er aus.
4. Mose 23,19

Weißt du, wer wirklich total mutig war? Gideon, einer der bekannten Männer aus der Bibel. In Richter 6 lesen wir, wie alle Israeliten ein ziemlich mieses Verhalten an den Tag legten, was dazu führte, dass sie sich immer weiter von Gott entfernten. Der Herr überließ sie ihren Feinden und sie lebten fortan in Angst – sie mussten sich verstecken, wurden besiegt und ausgeraubt. Dann begannen die Israeliten, zu Gott um Rettung zu schreien. (Kennst du das auch? Wenn ich das Gefühl habe, ich habe es vermasselt, verstecke ich mich vor Gott, aber wenn ich mich dann selbst in eine schlimme Lage gebracht habe, bitte ich ihn doch wieder, mich zu retten.)

Gott beschloss, ihnen gegenüber barmherzig zu sein und sie zu befreien, indem er das israelitische Heer die anderen Heere besiegen ließ. Und Gideon, dieser kleine Kerl, mit dem keiner gerechnet hatte, sollte auf einzigartige Weise dazu berufen werden, Mut zu zeigen.

Zu Beginn seiner Geschichte in Richter 6,11 lesen wir, wie Gideon gerade heimlich in einer Kelter seinen Weizen drosch – anstatt die Spreu an einem öffentlichen Ort vom Weizen zu trennen, wie man das normalerweise machte. Der Engel des Herrn erschien ihm und sprach: „Der Herr steht dir bei, du starker Kämpfer!" (Richter 6,12).

Diese Aussage überraschte Gideon sehr, weil er sich gerade *versteckte*, was nicht wirklich das typische Verhalten eines „starken Kämpfers" ist. Aber der Herr teilte Gideon mit, dass er, Gideon, das Heer anführen werde, das Israel von den Midianitern befreien werde. Als er dies hörte, begann Gideon sofort, Gott zu erklären, warum er der Falsche für diese Aufgabe sei – er sei schließlich der Jüngste in der kleinsten Sippe seines Stammes. Weißt du, was Gideon da tat? Er schaute nur auf sich selbst und seine eigenen Fähigkeiten, anstatt auf Gott zu blicken und zu glauben, dass Gott der ist, der er zu sein behauptet.

> *Du wirst zutiefst geliebt und bist dazu berufen, mutig zu sein, und zwar von einem Gott, der vollkommen und absolut vertrauenswürdig ist.*

Du wirst zutiefst geliebt und bist dazu berufen, mutig zu sein, und zwar von einem Gott, der vollkommen und absolut vertrauenswürdig ist. Wenn du dich angesichts deiner eigenen

Schwächen wie blockiert fühlst, dann richte deinen Blick auf Jesus. Er ist genau der, der er zu sein behauptet, er ist der, der den Tod selbst besiegt hat und der dir die Kraft verleiht, die du brauchst, um mutig zu sein.

. . . .

Sei mutig: Versteckst du dich gerade vor Gott?
Das musst du nicht!
Gott schenkt dir Tag für Tag neuen Mut.

Tag 21

Du kannst Gott hören

....

Der Hirte geht durch die Tür zu seinen
Schafen. Ihm öffnet der Wächter die Tür, und
die Schafe hören auf seine Stimme. Der Hirte
ruft jedes mit seinem Namen und führt sie aus
dem Stall. Wenn er alle seine Schafe ins Freie
gebracht hat, geht er vor ihnen her,
und die Schafe folgen ihm, weil sie
seine Stimme kennen.
Johannes 10,2–4

Ich hatte immer in Georgia gelebt. Die ersten siebenundzwanzig Jahre meines Lebens habe ich diesen Staat meine Heimat genannt. Ich mochte meinen Georgia-Führerschein, meine Sportmannschaft aus Georgia, den Georgia-Aufkleber auf meinem Auto und mein Zuhause in Georgia.

Doch eines Tages im Oktober fühlte ich, dass sich in meinem Herzen beim Gedanken an die Stadt Nashville im Bundesstaat

Tennessee etwas regte. Das machte mir Angst. Über Umziehen wollte ich nicht einmal nachdenken, geschweige denn es wirklich tun. Aber ich folge Gott nun schon sehr lange nach und habe gelernt, seine Stimme in meinem Leben zu hören. Ich kannte diese leise Stimme und dieses sanfte Anschubsen.

Aber ich wollte nicht gehen. Ich kann mich an meinen letzten Gottesdienst in Georgia vor meinem großen Umzug erinnern. Während die Musik spielte, füllten sich meine Augen mit Tränen und jede Menge Dinge gingen mir durch den Kopf: Dies war mein letzter Sonntag zu Hause, alles würde sich ändern, vielleicht würde Gott es sich ja doch noch anders überlegen, vielleicht lag ich komplett falsch – einen Moment. Vielleicht würde Gott es sich anders überlegen?

Ich bin ein Genie, dachte ich. *Ich bete einfach und bitte ihn, es sich anders zu überlegen. Er weiß, dass ich bereit bin zu gehen – ich habe bereits meine erste Monatsmiete bezahlt und eine ganze Autoladung Sachen nach Nashville gefahren. Jetzt wird er bestimmt nicht länger darauf bestehen.*

> **Ich folge Gott nun schon sehr lange nach und habe gelernt, seine Stimme in meinem Leben zu hören.**

Und genau das habe ich gebetet.

Während die anderen Gottesdienst feierten, habe ich mit Gott verhandelt. Ich habe ihn daran erinnert, dass ich absolut *bereit* war zu gehen. Ich wusste, dass er manchmal nicht darauf besteht, dass wir etwas wirklich *tun*; manchmal er will nur, dass wir bereit dazu sind. Ich flehte ihn an, nicht darauf zu bestehen, dass ich gehe. Ich flehte ihn an, es sich anders zu überlegen.

Und dann ging mir leise eine deutliche Aussage durch den Kopf und traf mich mitten ins Herz:

Nashville ist das größte Geschenk, das ich dir jemals gemacht habe.

Ich atmete tief ein. Ich wusste, das war die Wahrheit. Zwar fühlte es sich nicht so an. Es sah auch nicht so aus. Aber ich wusste, diese Aussage kam von Gott, und ich wusste, dass sie wahr war.

Wie ein Geschenk hat sich der Umzug lange Zeit nicht angefühlt. Zuerst fühlte es sich fürchterlich an, dann okay, dann so, als ob ich es überleben würde, dann gut und dann erst großartig. Aber ich sage dir eins: Dieser Satz, den Gott vor Jahren in mein Herz flüsterte, ist einer der wahrsten Sätze, die ich bis heute gehört habe.

Nashville ist das größte Geschenk, das Gott mir jemals gemacht hat. Ganz sicher. Ohne Frage. Er wusste es damals schon. Jetzt wissen wir es beide.

Manche Leute sagen, Gott würde heute nicht mehr zu uns sprechen. Ich bin da komplett anderer Meinung. Ich denke, er spricht ständig zu uns – durch die Bibel, durch die Natur, durch andere Menschen, durch das Leben von Jesus und auf direkte Weise durch den Heiligen Geist, der in uns lebt. Auch du kannst ihn hören, wenn du willst. Er redet, und wenn du zuhörst, wird er auch mit dir reden.

. . . .

Sei mutig: *Hast du heute den Mut zu glauben,*
dass Gott zu dir sprechen möchte?
Bitte ihn einfach darum. Bete folgendermaßen:
Gott, ich will dich hören. Ich will deine Stimme
kennen und erkennen.
Ich höre zu. Bitte sprich zu mir.

Tag 22

Wahr ist, was Gott über dich sagt

....

Ihr seid von Gott auserwählt und seine
geliebten Kinder, die zu ihm gehören.
Darum soll jetzt herzliches Mitgefühl euer
Leben bestimmen, ebenso wie Güte,
Bescheidenheit, Nachsicht und Geduld.
Kolosser 3,12

Meine Freundin Jenna arbeitet bei einer Bank in Nashville. Als sie in der Ausbildung war und ihr Ausbilder eines Tages ankündigte, sie werde lernen, wie man Falschgeld erkennt, war sie absolut begeistert. An diesem Tag ging Jenna in ihrem schicken Kostüm zur Arbeit in der Erwartung, alle Arten von Falschgeld, die dem FBI bekannt waren, zu sehen und anfassen zu können. Sie liebt so etwas – wie diese Fernsehserien, in denen es um Verbrecherjagd geht.

Als Jenna an diesem Morgen in der Bank eintraf, hatten ihre Schritte einen anderen Schwung als sonst. Sie war bereit, der

Star einer neuen Undercoverserie zu werden! Doch stattdessen reichten die Ausbilder ihr und den anderen neuen Angestellten jeweils einen Packen echter Geldscheine und baten jeden, diesen durchzuzählen. Immer und immer wieder. Und dann noch mal. Und noch mal. Ich weiß nicht, ob es genau so war, aber Jenna schwört, sie habe die fünfzig Eindollarscheine mehr als hundertmal gezählt.

Frustriert fragte einer der anderen neuen Angestellten ihren Ausbilder: „Warum machen wir das?" Er antwortete: „Jetzt wissen Sie, wie sich echtes Geld anfühlt. Sie haben jetzt so viel praktische Erfahrung mit echtem Geld, dass Sie Falschgeld ganz einfach erkennen werden."

Wenn du Zeit mit Gott verbringst und selbst in die Wahrheit seines Wortes eintauchst, wirst du leicht die Lügen in deinem Kopf erkennen, die Aussagen, die in Wirklichkeit gar nicht auf dich zutreffen.

Wenn du Zeit mit Gott verbringst und selbst in die Wahrheit seines Wortes eintauchst, wirst du leicht die Lügen in deinem Kopf erkennen, die Aussagen, die in Wirklichkeit gar nicht auf dich zutreffen. Und du wirst viel deutlicher die Wahrheit darüber hören, wer du in Gottes Augen bist. Zum Beispiel, dass du zutiefst geliebt bist.

In der ganzen Bibel kannst du sehen, wie Gott zu dir sagt: Du bist angenommen. Du bist ein Freund Gottes. Sein Erbe. Dir ist vollständig vergeben! Du bist in Sicherheit. Römer 8 sagt dir zu, dass du nicht verurteilt werden wirst. Du bist wichtig! Epheser 2 sagt dir, dass du Gottes Meisterstück bist und mit Jesus zu seinem himmlischen Reich gehörst.

In der ganzen Bibel sagt Gott, dass du stark und wichtig für diese Welt bist. Was Gott über dich sagt, ist wahr. Und deshalb kannst du mutig sein.

. . . .

Sei mutig: *Ergänze den folgenden Satz: Ich bin wichtig, weil*_____

_____

_____,

und hier sind drei Beispiele dafür, wie sich dies in meinem Leben ausdrückt:

_____

_____

_____

Tag 23

Glaube daran, dass Gott deine Träume nicht egal sind

....

Trotz all eurer Bosheit wisst ihr Menschen
doch, was gut für eure Kinder ist,
und gebt es ihnen. Wie viel mehr wird euer
Vater im Himmel denen Gutes schenken,
die ihn darum bitten!
Matthäus 7,11

Hast du schon einmal erlebt, dass du von etwas träumst und daran glaubst, dass Gott mit diesen Träumen etwas bewirken wird, selbst wenn sie nicht wahr werden? Glaubst du, dass Gott diese Träume für etwas benutzen will?

Mein jetziges Leben hatte ich so nie geplant. Und ich musste dafür mehr Mut aufbringen, als ich mir zugetraut hätte. Ehrlich gesagt bin ich etwas geschockt, dass ich nun schon Mitte dreißig bin und noch immer keinen Ehemann und keine Kinder habe. Aber tief in mir drin brennt ein Feuer der Hoffnung.

84

Nicht unbedingt eine Hoffnung im Sinne von: „Ich werde *ganz sicher* eines Tages heiraten", aber Hoffnung im Sinne von: „Gott weiß schon, was er tut".

Bestimmt wäre es viel cooler, erst zu einem späteren Zeitpunkt in meinem Leben über dieses Thema zu schreiben. Dann, wenn ich mit einem tollen Kerl verheiratet bin, wir drei Kinder und eine schöne Küche haben, ich einen coolen Mama-SUV fahre und sich kleine Schuhe im ganzen Haus ver-

Gott hat dich nicht vergessen.

teilen. Dann könnte ich allen Singles erzählen: „Hey, haltet durch, weil Gott einen großartigen Plan für euer Leben hat!" Und der Abschnitt über das Singledasein würde voller Ausrufezeichen sein, denn ich finde Ausrufezeichen sehr! ermutigend! und erbauend!

Aber ich werde das Hoffen und Träumen nicht aufgeben. Ich denke, es liegt etwas sehr Kraftvolles darin, wenn du mitten in einer Lebensphase feststeckst, die du dir niemals ausgesucht hättest, und dennoch in den Spiegel schauen und dir sagen kannst: „Gott hat dich nicht vergessen. Dein Leben und deine Träume sind Gott wichtig." Wenn ich könnte, würde ich dir jetzt gern direkt in die Augen sehen und dir das noch einmal laut zusagen.

Wie viele von uns stecke ich gerade in der Situation, dass ich mir etwas wünsche, was ich nicht habe, aber ich werde einfach das Beste daraus machen! Und auch du kannst das Beste aus deinem Leben machen, egal, ob du Single bist und gern heiraten würdest oder dir wünschst, Kinder zu haben, ob du gern einen besseren Job hättest oder ob du in einem größeren Haus oder einer schöneren Stadt wohnen wollen würdest.

Gott hört uns, wenn wir beten. Er kennt unser Herz besser als wir selbst. Du bist ihm wichtig und deine Träume sind ihm wichtig. Also erzähl deine Träume deinem Vater, der dich liebt und der es liebt, dich mit Gutem zu beschenken.

. . . .

Sei mutig: Welchen Traum trägst du in deinem Herzen, den Gott dir bislang nicht erfüllt hat? Kannst du voller Hoffnung sein, auch wenn du nicht weißt, wie die Geschichte enden wird?

Hab den Mut
zu träumen

Mutige Menschen haben Träume.

Tag 24

Träume groß

....

Jesus war in Betanien zu Gast bei Simon, der
früher einmal aussätzig gewesen war. Während
der Mahlzeit kam eine Frau herein. In ihren
Händen hielt sie ein Fläschchen mit reinem,
kostbaren Nardenöl. Sie öffnete das Gefäß
und salbte mit dem Öl den Kopf von Jesus.
Darüber regten sich einige Gäste auf: „Das ist
ja die reinste Verschwendung! Dieses Öl ist
mindestens 300 Silberstücke wert.
Man hätte es lieber verkaufen und das Geld
den Armen geben sollen!" So machten sie
der Frau heftige Vorwürfe. Aber Jesus sagte:
„Lasst sie in Ruhe! Warum macht ihr der Frau
Schwierigkeiten? Sie hat etwas Gutes
für mich getan."

Markus 14,3–6

Seit der dritten Klasse war es mein großer Traum, Lehrerin zu werden. Ich bin von Natur aus rechthaberisch und der Lehrerjob ist ein großartiger Wirkungsbereich für Leute wie mich.

Während meines letzten Jahres an der Universität von Georgia, als ich kurz davorstand, Schüler zu unterrichten, kam der Campuspastor der *Wesley Foundation*, Bob Beckwith, zu mir und machte mir ein Angebot.

> *Gottes Traum für mich war so viel größer als der, den ich die ganze Zeit für mein Leben hatte.*

Die *Wesley Foundation* ermöglicht es Studenten, nach ihrem letzten Jahr als unbezahlte Praktikanten an der Uni zu bleiben, und Bob wollte mich gern als Praktikantin im Bereich Frauenseelsorge haben.

Mein großer Traum, als Lehrerin zu arbeiten, stand kurz davor, wahr zu werden, und alles, was ich noch tun musste, war, die richtigen Bewerbungsformulare für meinen Bezirk auszufüllen und eine Lehrerstelle zu finden. Andererseits hörte sich das mit dem Praktikum super an. Viele meiner guten Freunde machten Praktika, unter anderem meine beste Freundin und Mitbewohnerin. Außerdem war ich durch den Seelsorgedienst so sehr persönlich gewachsen, dass die Chance, dort mitzuarbeiten, sich für mich richtig anfühlte. Aber die Stelle war unbezahlt. Um dieses Praktikum bei *Wesley* zu machen, müsste ich 15 000 Dollar aufbringen.

Fünfzehntausend Dollar.

An einem Samstagmorgen vor den Weihnachtsferien saß ich in einem bequemen Sessel und las Markus 14,3–6. Die Frau mit dem Ölfläschchen gab Jesus alles, was sie hatte. Ihr Herz, ihre Hingabe und den Arbeitslohn eines Jahres.

Ich wusste, dass ich gebeten wurde, meinen großen Traum auf Eis zu legen – ein Jahr Gehalt aufzugeben, als Opfer für Jesus, um Studentinnen und Jesus selbst zu dienen. Heute sehe ich, dass genau das Gottes größter Traum für mein Leben ist.

Nach dem Praktikum arbeitete ich schließlich doch noch fünf Jahre als Lehrerin an einer Schule. Es fasziniert mich immer noch, wie Gottes Traum für mich so viel größer war als der, den ich die ganze Zeit für mein Leben hatte.

Träume groß! Hab den Mut zu glauben, dass Gott dir alles geben kann, was du dir wünschst. Gott will, dass wir tiefe Spuren in dieser Welt hinterlassen. Tiefere, als wir uns jemals allein erträumen könnten.

. . . .

Sei mutig: *Schreibe ein oder zwei ganz große Träume auf, die du für dein Leben hast.*

Tag 25

Träume in kleinen Schritten

....

Der Herr, der mich aus den Klauen von Löwen
und Bären gerettet hat, der wird mich auch vor
diesem Philister beschützen.

1. Samuel 17,37

Gott kennt mich. Und er kennt dich. Er weiß, dass wir uns unseren Träumen manchmal Stück für Stück nähern müssen, weil uns das gesamte Puzzle auf einmal zu sehr ängstigen würde. Wenn ich bereits während meines Grundschullehramt-Studiums gewusst hätte, dass ich einmal Autorin sein und Vorträge halten würde, wäre ich wahrscheinlich unter meine Bettdecke gekrochen und ein oder auch fünf Jahre dortgeblieben. Was ich heute bin, wurde ich durch viele kleine Schritte und mutige Momente in meiner schriftstellerischen Laufbahn, die in meine jetzige Tätigkeit mündeten.

Ich denke an König David, als dieser noch ein Kind war und seine Brüder in der Schlacht gegen die Philister besuchte. Er sah, dass alle vor Goliat Angst hatten, diesem Tier von einem Mann, der für das andere Heer kämpfte.

Der junge Hirtenbursche David kündigte König Saul an, er werde gegen Goliat antreten. Die Israeliten waren total perplex, denn David war noch ein Kind, und die restlichen Kämpfer des israelitischen Heeres – erwachsene Männer – fürchteten sich vor dem Riesen. Davids Antwort zeigt uns, wie wichtig tägliche mutige Schritte sind, die uns schließlich zu Größerem führen.

Doch David ließ nicht locker: „Als ich die Schafe und Ziegen meines Vaters hütete, kam es immer wieder vor, dass ein Löwe oder ein Bär die Herde überfiel, ein Schaf packte und es wegschleppen wollte. Dann lief ich ihm nach, schlug auf ihn ein und riss ihm seine Beute aus dem Maul. Stürzte er sich dann wütend auf mich, packte ich ihn an der Mähne oder am Fell und schlug ihn tot. So habe ich mehrere Löwen und Bären erschlagen. Und diesem Philister soll es nicht anders ergehen, denn er hat sich über das Heer des lebendigen Gottes lustig gemacht."
(1. Samuel 17,34–36)

Gott weiß, dass wir uns unseren Träumen Stück für Stück nähern müssen, weil uns das gesamte Puzzle auf einmal zu sehr ängstigen würde.

David, ein Hirtenjunge, kämpfte gegen einen Löwen. Und einen Bären. Und rettete seine Schafe. Ganz sicher hat er den Löwen nicht als Vorbereitung auf den Bären getötet und den Bären nicht als Vorbereitung auf Goliat. Er entschied sich einfach bei jedem seiner Schritte dafür, mutig zu sein – um seine Aufgabe zu erfüllen und die Schafe zu beschützen. Und mit den Herausforderungen wuchs auch Davids Vertrauen in seine von Gott geschaffene Einzigartigkeit. Doch noch wichtiger ist, dass David fest an Gott glaubte und überzeugt war, dass dieser für ihn eine Aufgabe bereithielt, die Mut erfordern würde. Das Gleiche gilt auch für dich und mich.

. . . .

Sei mutig: Gibt es einen Bereich in deinem Leben, wo du gerade mutig bist?

Tag 26

Was ist eine offene Tür?

....

Er leitet mich auf sicheren Wegen und macht
seinem Namen damit alle Ehre.
Psalm 23,3

Woher weiß man, dass man einen mutigen Schritt gehen sollte, auch wenn er nicht leicht ist? Woher weiß man, dass man es
einfach versuchen sollte?

In meinem zweiten Jahr auf der Uni (wie eigentlich während
meiner kompletten Unilaufbahn) verbrachte ich sehr gern Zeit
in den Räumen der Campusgemein-
de, der *University of Georgia Wesley
Foundation* – dort zu sein fühlte sich
irgendwie cool und trendy und christ-
lich an.

> **Es war nichts
> Supergeistliches. Es war
> einfach eine offene Tür.**

Eine Campusgemeinde ist eine
Gemeinde für Studenten auf einem Unicampus. Viele meiner Freunde aus der Jugendgruppe besuchten ebenfalls die

Universität von Georgia, daher war es für mich wie ein Nachhausekommen, wenn ich im *Wesley*-Gebäude vorbeischaute. Und wenn ich durch die Flure ging, sah ich Fotos von Missionsreisen vergangener Jahre.

Eines Tages stand ich vor einem dieser Bilder – es zeigte eine Gruppe von Studenten in einem Sonnenblumenfeld. Die Sonne schien direkt auf ihre Köpfe, wodurch eine junge blond gelockte Frau aussah, als leuchtete sie. Am unteren Rand war das Wort „Schottland" zu lesen.

Ich hatte schon mal von Schottland gehört, mehr aber auch nicht. Während eines *Wesley*-Gottesdienstes an einem Mittwochabend in diesem Herbst, nur wenige Wochen später, wurden die Missionsreisen für dieses Jahr angekündigt, und ich sah, dass auch Schottland im Angebot war. *Yeah,* dachte ich, *ich möchte auch in diesem Feld stehen und so ein Sonnenblumenfoto von mir haben.*

Es war nichts Supergeistliches. Es war einfach eine offene Tür.

Ich wusste, dass die Bibel sagt, wir sollen zu allen Völkern gehen und ihnen das Evangelium erzählen (lies nach in Matthäus 28,19), daher ging es für mich eigentlich nur darum, aus der Liste der Reisen, die in diesem Semester für interessierte Studenten angeboten wurden, eine auszuwählen. Ich betete darüber, das weiß ich noch. Aber es gab in diesem Fall keine große Schottlandflagge, die vor meinem Schlafzimmerfenster wehte, oder irgendein anderes außergewöhnliches Zeichen vom Himmel. Ich wusste einfach, ich wollte bei einer Missionsreise mitmachen, und diese war diejenige, die mir ins Auge stach.

Ich nahm an dieser Missionsreise teil und lebte am Ende sogar einige Zeit in Schottland. Nach Übersee zu reisen und später auch dort zu leben erforderte Mut. Es war dort anders. Es war neu. Und es gab keine Leuchtpfeile, denen ich folgen konnte. Es gab einfach eine offene Tür und Gott führte mich hindurch.

Im heutigen Bibelvers sagt der Psalmist, dass Gott ihn auf sicheren Wegen leitet. Bitte den Herrn, auch *dich* zu offenen Türen zu führen und dir den nötigen Mut zu schenken, um hindurchzugehen.

. . . .

Sei mutig: Schreibe ein Gebet an Gott und bitte ihn, dir die offenen Türen zu zeigen, die es momentan in deinem Leben gibt. Wenn du möchtest, dass er die richtigen Türen für dich öffnet und die falschen schließt, schreibe das ebenfalls auf.

Tag 27

Was ist eine geschlossene Tür?

. . . .

Vertraue dem Herrn deine Pläne an,
er wird dir Gelingen schenken.
Sprüche 16,3

Mutige Leute stürmen einfach durch Türen hindurch, oder?
Mutige Leute sehen zwar, dass eine Tür nicht geöffnet ist, aber
sie werden dann einfach kreativ, stürmen trotzdem los und finden einen anderen Weg, oder?

Nun, *manchmal* läuft das bestimmt so. Aber als Menschen,
die von einem allwissenden Gott abhängig sind, kennen wir alle
die Situation, dass wir losgehen und um Gottes Führung bitten, aber dann trotzdem plötzlich vor einer geschlossenen Tür
stehen.

Und geschlossene Türen können ganz schön verwirrend sein.

Vielleicht hast du Gott mal gefragt, welche berufliche Laufbahn du einschlagen sollst. Vielleicht hast du bereits in der
weiterführenden Schule begonnen, dich auf deine Karriere als

Meeresbiologin vorzubereiten, als du in den Sommerferien im Aquarium gearbeitet hast.

Vielleicht hast du in Florida gelebt. Deine Tante war auch Meeresbiologin. Alles an deinem Traum schien Sinn zu machen.

Aber dann passierte das Leben. Und plötzlich warst du zwei Jahre lang an der Uni, sahst offene Türen, die du nicht erwartet hattest, und erkanntest, dass die Tür zur Meeresbiologie aus irgendeinem Grund auf einmal nicht mehr so leicht zu durchschreiten war – du bekamst keinen Platz in einem Kurs, das Geld war knapp oder du musstest aufgrund familiärer Probleme dein Studium für ein Jahr unterbrechen.

Manchmal gehen wir los und bitten Gott um Führung, aber stehen dann trotzdem vor einer geschlossenen Tür.

Wie auch immer das in deinem Fall aussieht: So etwas passiert, aber du kannst trotzdem mutig sein. Du kannst mutig sein, weil du Gott vertrauen kannst. Mutige Menschen vertrauen ihr Tun dem Herrn an und vertrauen darauf, dass sein Plan für ihr Leben vielleicht anders ist als das, was sie selbst geplant haben. Und das ist okay für sie.

Wenn du heute auf eine geschlossene Tür blickst, dann befindet sich ganz in der Nähe auch eine Tür, die offen ist. Hab den Mut, durch die Türen zu gehen, durch die der Herr dich führt. Auch wenn sie anders sind als erwartet oder dir etwas Angst machen.

. . . .

Sei mutig: *Auch wenn es vielleicht schmerzhaft oder beängstigend ist: Schreibe über eine Tür, die Gott in deinem Leben geschlossen hat.*

Tag 28

Trauere um die Träume, die du begraben musstest

. . . .

Vor Kummer gehe ich fast zugrunde.
Richte mich wieder auf –
du hast es doch zugesagt!
Psalm 119,28

Ich hatte schon elf Jahre in Schottland leben wollen, bevor ich es wirklich tat. *Elf Jahre.* Ein paarmal in meinen Zwanzigern hatte ich die Gelegenheit, dorthin zu ziehen, und immer sagte ich Nein. Der Zeitpunkt war nie so wirklich der richtige, und ich hatte nie das Gefühl gehabt, dass dies Gottes bester Plan für mich war. Aber in meinem Hinterkopf war da noch was ... *ich hatte Angst.* Ich hatte Angst, dass ein Umzug nach Schottland für mich bedeuten würde, niemals zu heiraten.

Ich habe immer davon geträumt, noch vor meinem dreißigsten Geburtstag zu heiraten und drei Kinder zu haben. Wegen dieses Traumes ließ ich ein ganzes Jahrzehnt verstreichen – ich hoffte, dass meine Entscheidung für Amerika gleichbedeutend sei mit der Entscheidung zu heiraten. Ich will jetzt nicht sagen, dass es gegen Gottes Willen war, dass ich in Amerika blieb. Ich weiß, dass er in diesem Jahrzehnt Gutes mit meinen Leben getan hat. Doch jedes Mal wenn sich mir die Chance bot, nach Schottland zu ziehen, vernahm ich das Geflüster meiner Ängste. Und hörte auf sie.

Vor zwei Wochen saß ich mit meiner Seelsorgerin zusammen, und wie es nun mal bei solchen Gesprächsterminen so läuft, ließ ich alles aus mir heraus, was mich in den Wochen seit unserem letzten Treffen beschäftigt hatte. Als ich fertig war, sah sie mir direkt in die Augen und sagte mir, es sei okay zu trauern.

„Warte", sagte ich, „ich glaube, das sehe ich anders. Ich denke, ich sollte damit zufrieden sein, dass dies nun mal Gottes Plan ist und ich ihm vertraue und er alle Dinge lenkt …"

Sie unterbrach mich.

„Du hattest Träume und glaubtest, sie würden in einem gewissen Zeitrahmen wahr werden. Aber das sind sie nicht. Du hast ein Leben für dich gesehen, das du niemals haben wirst. Und diesen Verlust darfst du betrauern."

> *„Du hattest Träume und glaubtest, sie würden in einem gewissen Zeitrahmen wahr werden. Aber das sind sie nicht. Du hast ein Leben für dich gesehen, das du niemals haben wirst. Und diesen Verlust darfst du betrauern."*

Niemand hatte dies jemals zuvor zu mir gesagt. Aber ich musste es hören. Ja, ich habe nicht in dem Jahrzehnt geheiratet, in dem ich es geplant hatte. Trotzdem hat Gott mich auf erstaunlichen Wegen geführt, auf denen ich ihn verherrlichen konnte.

Es ist leicht, die unerhörten Gebete und Enttäuschungen in unserem Leben einfach unter den Teppich zu kehren, damit wir nicht mehr über sie nachdenken müssen. Aber weißt du was? Es ist okay, um die Träume zu trauern, die wir begraben mussten. Auf diese Träume zurückzublicken erfordert Mut. Aber wenn du dich deinen Träumen stellst und sie gehen lässt, wirst du sehen, dass Gottes Plan für dein Leben – auch wenn er anders ist als erwartet – eine eigene schöne Geschichte ist, die du dir selbst niemals hättest erträumen können.

. . . .

Sei mutig: Welchen Traum musst –
und darfst – du betrauern?

Tag 29

Verfolge die Träume, die lebendig sind

....

Die Gedanken eines Menschen
sind unergründlich wie ein tiefer See,
aber ein Menschenkenner
durchschaut sie und bringt sie ans Licht.
Sprüche 20,5

Manchmal bedeutet mutig sein, sich zu verabschieden von den Träumen, die man begraben musste, und den Türen, die geschlossen wurden, und stattdessen die Träume zu verfolgen, die lebendig sind.

Gott pflanzt schon Träume in unser Herz, wenn wir noch sehr jung sind. Er gibt uns Talente, lange bevor wir genau wissen, wie wir sie einsetzen können. Und wie gehen Kinder damit um? Sie haben keine Angst, über diese Talente nachzudenken und sich in das zu stürzen, wovon sie träumen. Mutig zu sein ist für sie ganz selbstverständlich.

Ich habe Freunde, die der festen Meinung sind, dass das

Leben an ihnen vorübergezogen ist, dass ihre Chance, mutig zu sein, gekommen und wieder gegangen ist. Nichts finde ich trauriger als das – du bist nicht zu alt! Meine Großmutter war mutig bis zu ihrem letzten Atemzug im Alter von 89 Jahren.

Wenn du dieses Buch liest, bist du lebendig, und wenn du lebendig bist, ist auch ein Traum lebendig. Was sind die Dinge, von denen du immerzu träumst? Denke darüber nach und finde es heraus, denn Gott möchte diesen Traum benutzen. Gott möchte dieses Talent benutzen. Er will deine Träume und Talente dazu benutzen, um andere auf sich hinzuweisen.

> *Wenn du dieses Buch liest, bist du lebendig, und wenn du lebendig bist, ist auch ein Traum lebendig.*

Ich liebe Gott. Er bedeutet mir alles im Leben. Seine Liebe tut mir so gut. Und ich möchte dir erzählen, wie ich meiner Liebe zu Gott Ausdruck verleihen kann: hiermit. Indem ich schreibe. Über Gott rede. Durch meine Lebensführung, durch meine Liebe zu anderen Menschen und durch die Dinge, für die ich mich einsetze. Ich möchte mein Leben in einer Weise leben, die auf immer und ewig so viel Liebe aus meinem Herzen herausströmen lässt wie möglich.

Mache ich Fehler? Ständig und andauernd. Bin ich eine Sünderin? Da kannst du dir sicher sein. Aber jeden Tag, für den Rest der Zeit, die der Herr mir auf dieser Erde schenkt, möchte ich ihn mein ganzes Leben lang lieben. Durch meine Arbeit als Schriftstellerin und durch jeden anderen Traum, den Gott in meinem Leben und Herzen wachsen lässt.

Gott liebt es, den Träumen seiner Kinder Flügel zu verleihen – den Träumen, die ihm Ehre bringen können.

....

Sei mutig: Welchen Traum hattest du einmal und hoffst, dass er noch immer lebendig ist?

Tag 30

Erzähle jemandem davon

....

Lasst uns aufeinander achten! Wir wollen uns
zu gegenseitiger Liebe ermutigen und einander
anspornen, Gutes zu tun. Versäumt nicht die
Zusammenkünfte eurer Gemeinde, wie es
sich einige angewöhnt haben. Ermahnt euch
gegenseitig dabeizubleiben. Ihr seht ja, dass
der Tag nahe ist, an dem der Herr kommt.
Hebräer 10,24–25

In meiner Heimatgemeinde richten Highschool-Schüler regelmäßig Freizeiten für Schüler der Mittelschule aus. Dabei zu sein
ist ein wirklich tolles Erlebnis. Vor ein paar Jahren war ich eine
der Betreuerinnen. Kennst du diese Freizeitgelände mit Hütten,
Stockbetten und zwei Duschen für je zwanzig Personen? Es war
genauso rustikal, wie du es dir vorstellst.

Am Samstagabend dieser Freizeit kroch ich in mein kleines
Stockbett, das neben ein zweites Stockbett geschoben worden

war, und schloss meine Augen. Keine dreißig Sekunden später spürte ich, wie mir jemand auf die Schulter klopfte.

Weil wir es lieben, anderen Streiche zu spielen, war ich mir sicher, dass ich a) irgendeine Flüssigkeit ins Gesicht gesprüht bekommen würde oder b) jemand wollte, dass ich zusammen mit ihm einer anderen Person einen Streich spielte. Stattdessen war es Mallory, eine Schülerin der Abschlussklasse, die bei der Freizeit mithalf. Sie stand nur wenige Monate vor ihrem Abschluss und würde bald zur Auburn-Universität gehen.

Mallory bat mich, zur Seite zu rutschen, also tat ich das. Ich machte mir Sorgen – war etwas passiert? Mallory starrte auf die Sprungfedern des Bettes über uns. Nur wenig Mondlicht schien durch die Vorhänge hindurch, aber es war ausreichend, um zu sehen, dass sie offensichtlich mit etwas zu kämpfen hatte.

> *Dieser kleine Funken Mut war tagelang, wenn nicht sogar wochenlang, in ihrem Herzen gewachsen.*

„Ich will nicht nach Auburn", flüsterte sie, und ich hörte, wie ihre Tränen auf mein Kopfkissen tropften. Ich wartete ab, weil ich dachte, sie wollte mir noch mehr sagen. Als sie dies nicht tat, antwortete ich.

„Okay, Mal. Das musst du auch nicht."

„Ich glaube", stammelte sie langsam, „ich möchte als Missionarin arbeiten. Ich möchte zu *Jugend mit einer Mission*". Ihre Stimme zitterte immer noch.

„Okay, Mal. Das kannst du machen."

Mallory trat ihre Reise in Richtung Mut nicht erst in jenem Moment an. Dieser kleine Funken Mut war tagelang, wenn nicht sogar wochenlang, in ihrem Herzen gewachsen. Und dann, in jenen Stunden und Minuten, bevor sie schließlich aus ihrem Bett aufstand, bekam er Füße. Füße, die sie zu jemandem führten, um davon zu erzählen.

Willst du mutig sein? Dann erzähle jemandem davon und lass dich überraschen, was Gott tun kann.

. . . .

Sei mutig: *Ruf heute einen Freund oder eine Freundin an. Trefft euch zum Mittagessen oder auf einen Kaffee oder geht zusammen spazieren. Während ihr euch unterhaltet, erzähle von etwas, für das du Mut brauchst und über das du bislang noch mit niemandem gesprochen hast.*

Tag 31

Wem solltest du davon erzählen?

....

Ohne gute Anleitung verlieren Menschen
leicht die Orientierung.
Je mehr man weise Ratschläge befolgt,
desto höher sind die Chancen auf Erfolg.
Sprüche 11,14 (aus The Message)

Wenn es um deine Träume geht, musst du dein Herz behüten. Dein Herz ist kostbar, deshalb solltest du deine Träume nur mit ein paar wenigen engen Freunden teilen. Liebe Menschen, aber sei vorsichtig dabei. Du musst Liebe in dein Herz hineinlassen, aber vergiss nie, es zu behüten und zu beschützen.

Um herauszufinden, welchen Menschen du deine Träume anvertrauen kannst, solltest du dir selbst ein paar Fragen stellen.

1. Wem vertraue ich? Denke über die Menschen in deinem Leben nach. Gibt es da jemanden, in dessen Gegenwart du dich unwohl fühlst? Oder sind Leute dabei, die ständig persönliche

Details über andere ausplaudern? Diese Menschen solltest du nicht auswählen.

2. Wer ist nicht zu sehr an meinem Leben beteiligt oder emotional darin eingebunden? Irgendwann ist es auf jeden Fall an der Zeit, deinen engsten Freunden und Verwandten von deinen Träumen zu erzählen. Aber ihnen von einem Traum zu erzählen birgt immer auch ein gewisses Risiko. Du solltest lieber jemanden auswählen, der nicht gleich den Kopf verliert, wenn er oder sie hört, dass du zum Beispiel umziehen willst. Besser, dein Zuhörer ist objektiv.

Dein Herz ist kostbar, deine Träume solltest du nur mit ein paar wenigen engen Freunden teilen. Liebe Menschen, aber sei vorsichtig dabei.

3. Wer hat Weisheit in seiner Lebensführung bewiesen? Weise Menschen führen ein weises Leben. Finde sie. Halte nach ihnen Ausschau. Und dann umgib dich mit ihnen.

4. Wer hat sich wiederholt als nicht sonderlich vertrauenswürdig erwiesen? Etwas so Intimes und Zerbrechliches wie deine Träume solltest du besser nicht mit Leuten teilen, die nicht loyal zu sein scheinen oder sich in ihrem Leben nicht um Weisheit bemühen.

5. Wer hat schon mal Fehlschläge erlebt? Ja, du würdest diesen Teil von dir gern mit jemandem teilen, der erfolgreich ist. Ja, du willst, dass dein Traum nicht schon in Gefahr gerät, während er noch ein kleines Flackern ist. Aber du glaubst nicht, was man alles von jemandem lernen kann, der schon Fehlschläge im Leben erlebt hat!

Fehlschläge sind oftmals die besten Lehrer. Was hältst du davon, deinen Traum sowohl mit jemandem zu teilen, der seinen Traum verfolgt und in die Tat umgesetzt hat, als auch mit jemandem, der einen Traum begraben und sich einem neuen Traum zuwenden musste?

. . . .

Sei mutig: Erzähle jemandem von deinem Traum. Egal, wie groß oder klein dein Traum ist: Finde jemanden, dem du vertrauen kannst, und erzähl dieser Person davon.

Tag 32

Der Unterschied zwischen Träumen und Berufung

. . . .

Für Gottes Gaben und Gottes Berufung
gilt die volle Garantie – sie werden niemals
storniert oder für ungültig erklärt.
Römer 11,29 (aus The Message)

Kürzlich hatte ich nachts einen echt eindrücklichen Traum. Das passiert mir nicht oft, aber wenn, schlägt es mir ziemlich auf den Magen. Als ich aufwachte, fühlte sich alles so echt an, dass ich meine Freunde anrufen musste, die in diesem Traum vorgekommen waren, um sicherzugehen, dass er nicht Wirklichkeit gewesen war. Für ein paar Stunden fühlte ich mich echt seltsam und musste mir immer wieder sagen, dass es nur ein Traum gewesen und dass nichts davon wirklich geschehen war. Aber manchmal haben Träume eben eine solche Wirkung. Sie fühlen sich real an, bis sie schließlich verblassen und man zum normalen Leben zurückkehrt.

Mit den Träumen, die du für dein Leben hast, funktioniert das ein bisschen anders, oder? Meine Träume für mein Leben sind oft Wünsche, die mein Herz hervorbringt. Ich träume von einer Arbeitsstelle oder einem Ehepartner, von Kindern oder einem Eigenheim. Wir können von Dingen träumen, von denen wir hoffen, dass sie irgendwann wahr werden – Dinge, die wir vor unserem geistlichen Auge sehen und auch in der Realität haben wollen. Und das ist nichts Schlechtes, solange wir den Träumen ihren rechten Platz zuweisen. Sie sind keine Versprechen, keine Garantien, sondern eben nur Träume.

Es gibt einen Unterschied zwischen Träumen und deiner Berufung. Deine Berufung steht fest, sie ist stark. Deine Berufung – das, was Gott in dich gelegt hat zum Wohl der Welt und deines eigenen Herzens – verschwindet nicht. Laut Rebekah Lyons ist deine Berufung dort, wo deine größte Belastung und deine größte Begabung aufeinandertreffen.

Ich betrachte es so: Deine Berufung ist dein Geld auf der Bank, und deine Träume sind all die Möglichkeiten, für die du dieses Geld ausgeben kannst. Oder man könnte es auch so beschreiben: Deine Berufung ist eine Zutat in deiner Küche, und deine Träume sind die verschiedenen Möglichkeiten, diese Zutat zu verwenden.

Warum müssen wir unterscheiden zwischen Träumen und Berufung? Weil du Träume brauchst – große, schöne, kühne, verrückte Träume darüber, was du für möglich hältst. Aber dein

> *Deine Berufung – das, was Gott in dich gelegt hat zum Wohl der Welt und deines eigenen Herzens – verschwindet nicht.*

Leben musst du um deine Berufung herum bauen, nicht um deine Träume. Im Laufe der Zeit werden sich deine Träume verändern. Manche werden in Erfüllung gehen, manche werden sterben. Aber deine Berufung wird nie ihre Gültigkeit verlieren.

. . . .

Sei mutig: Liste ein paar Träume auf,
die du für dein Leben hast.
Wie zeigt sich deine Berufung auch
in deinen Träumen?

Hab den Mut, hart zu arbeiten

Harte Arbeit ist nichts
für schwache Nerven.

Tag 33

Für welche Aufgabe wurdest du geschaffen?

....

Ich möchte, dass ihr darüber nachdenkt,
wie dies alles euch noch bedeutender,
nicht weniger bedeutend, macht.
Ein Körper besteht nicht nur aus einem
einzigen Teil, der zu etwas Großem
aufgeblasen wurde. Er besteht aus
unterschiedlichen, aber ähnlichen Teilen,
die zusammengesetzt wurden und
gemeinsam funktionieren.
1. Korinther 12,14 (aus The Message)

Für welche bestimmte Aufgabe hat Gott dich geschaffen? Es ist ja nicht so, dass man die Antwort bereits seit seiner Geburt kennt. Man muss durchs Leben gehen und stolpern und schweben und vieles erleben, um schließlich zu erkennen, zu was man sich hingezogen fühlt und was nicht funktioniert.

In 1. Korinther 12 lesen wir, dass alle Christen im Leib Christi verschiedene Aufgaben zu erfüllen haben. Und Gott ist derjenige, der entschieden hat, welches deine Aufgabe in dem Körper ist.

Wie findet man nun heraus, für welche Aufgabe man geschaffen wurde? Als Christen wissen wir, dass wir alle dazu berufen sind, andere Menschen auf Christus hinzuweisen. Aber wie soll das bei uns konkret aussehen? Wie setzen wir dabei das ein, was uns einzigartig macht?

Die Antwort? Frage Gott. Verbringe Zeit in seinem Wort. Gott spricht immer zu uns, zu dir und zu mir, und zwar durch sein Wort. Du kannst auch durch andere Menschen hören, was Gott auf dem Herzen hat – durch deinen Pastor, die Leiterin deiner Kleingruppe, deine Eltern und sogar durch deine Freunde. Und ich glaube, dass Gott durch seinen Heiligen Geist Wahrheiten in unser Herz flüstern kann.

Man lernt, die Stimmen derjenigen zu erkennen, die man am meisten liebt.

Aber wie erkennst du, dass es wirklich Gott ist, der zu dir spricht? Das Hören auf Gott ist ehrlich gesagt etwas sehr Persönliches. Und ich würde mir nie anmaßen, mich als Expertin hierin zu bezeichnen. Man lernt einfach, die Stimmen derjenigen zu erkennen, die man am meisten liebt, so wie ich die Stimme meiner Mama erkenne, wenn sie mich anruft, oder die Stimme meiner Freundin, wenn sie mir in einem Restaurant etwas zuruft.

Also übe das Zuhören. Du kannst zum Beispiel Folgendes beten: *Gott, ich möchte von dir hören. Sprich zu mir. Bring mir bei, wie ich dich in meinem Herzen hören kann und in dem, was andere zu mir sagen. Bitte zeig mir, was ich nach deinem Willen tun soll, um meine Berufung auszuleben.*

Und dann warte. Und hör zu. Schreibe das, was du gehört hast, in dein Tagebuch. Hab den Mut, deinen Freunden oder einer Mentorin, der du vertraust, davon zu erzählen. Du wächst am besten in deiner Fähigkeit, Gott zu hören, indem du es übst und dir von anderen dabei helfen lässt.

. . . .

Sei mutig: Nimm dir heute Zeit,
um auf Gott zu hören. Bete, sitze in der Stille
und hör zu. Hab deine Bibel und
dein Tagebuch griffbereit und sei gespannt,
was Gott dir heute sagen will.

Tag 34

Eine Berufung

. . . .

So verschieden die Gaben auch sind, die
Gott uns gibt, sie stammen alle von ein und
demselben Geist. Und so unterschiedlich
auch die Aufgaben in der Gemeinde sind,
so ist es doch derselbe Herr,
der uns dazu befähigt.

1. Korinther 12,4–5

Als ich Lehrerin war, lernten meine Schüler bei mir, wie man Aufsätze mit fünf Absätzen schreibt. Wie du dich wahrscheinlich erinnern kannst, gehören dazu eine Einleitung, ein Schluss und drei Hauptpunkte. Diese drei Punkte nehmen Bezug auf eine These, die das Hauptthema des Aufsatzes erläutert.

Ich denke, dass dies auch auf unser Leben zutrifft. In jedem Leben gibt es eine These – ein Hauptthema: eine Berufung.

Ich habe versucht herauszufinden, was im Hinblick auf meine Berufung meine These ist, denn eine Berufung kann verschiedene Unterpunkte haben. Und ich glaube, dass meine These bisher folgende ist: *Ich bin die Freundin, die dich lange genug unterhält, dass du dabei etwas lernst.*

Ich habe einen Freund namens Jason, der einen christlichen Künstler mit dem Bass begleitet. Gleichzeitig ist er aber auch der Tourmanager, was sich erst mal nach zwei ganz verschiedenen Jobs anhört. Bei dem einen muss er auf der Bühne ein Instrument spielen und bei dem anderen sicherstellen, dass jeder weiß, um wie viel Uhr der Tourbus losfährt. Aber in Wahrheit lautet seine These, dass er alles zusammenhält. Er hat erkannt, worin er gut ist. Als Bassspieler gehört er zur Percussion und hält den Rhythmus, und genauso ist es seine Berufung, anderen zu helfen, nicht aus der Reihe zu tanzen.

Jesus war Zimmermann *und er war unser Retter.* Jesus nimmt Rohmaterialien und macht etwas Bedeutendes daraus. Jesus kann etwas Kaputtes nehmen und es reparieren. Er hatte zwar zwei verschiedene Jobs, aber beide drücken, auf

> **Jobs kommen und gehen.**
> **Deine Berufung nicht.**

unterschiedliche Weise, seine Berufung aus. Sie sind verschiedene Punkte seiner These.

Jobs kommen und gehen. Deine Berufung nicht. Ob sie nun Mutterschaft oder Mentoring, Lehren, Krankenpflege oder Bauen ist. Sie ist nicht, was du tust, sondern wie du es tust.

Es gibt verschiedene Wege, wie du deine Berufung ausdrücken kannst. Also bitte Gott darum, dir zu helfen, deinen Weg zu finden. Denk daran, dass es verschiedene Arten von Gaben gibt, aber Gott die Quelle all dieser Gaben ist. Hab keine

Angst, auch mal zu versuchen, deine Berufung auf eine andere Art und Weise auszudrücken. Lass nicht zu, dass die Angst vor dem Scheitern dich davon abhält, das zu tun, was Gott in dich hineingelegt hat.

. . . .

Sei mutig: Überlege, was die These deines Lebens sein könnte, und schreibe sie auf.
Was, glaubst du, ist das gemeinsame Thema all deiner bisherigen Jobs, Träume und Chancen?

Tag 35

Vielerlei Ausdrucksweisen

....

Auch ich frage von ganzem Herzen nach dir;
lass mich doch nicht von dem Weg abkommen,
den deine Gebote mir weisen!
Psalm 119,10

Vielleicht hast du in den letzten Tagen versucht, dir über deine Berufung klar zu werden. Vielleicht hat Gott dir ein deutliches Bild vor Augen gemalt, und du erforschst gerade, wie dies in deinem Leben aussehen könnte.

Während du dir zusammen mit dem Herrn darüber klar wirst, hör nicht auf den Feind, wenn er versucht, dich zu entmutigen. Sei dir sicher: Du bist weder zu alt, um deine Berufung zu erkennen, noch zu jung, um sie nicht schon auf vielerlei Arten wahrgenommen zu haben.

Bevor ich mit dem Schreiben, den Vorträgen, den Büchern und dem Herumreisen anfing, war ich Grundschullehrerin. Das war eigentlich der Job, von dem ich *immer* geträumt hatte. Ich habe noch lebhafte Erinnerungen an meine Zeit in der zweiten und dritten Klasse, besonders an meine Lehrerin Miss Albers. Ich *liebte* sie. Ich weiß noch, wie ich am Ende der dritten Klasse dachte: *Das ist das, was ich sein will! Das ist das, was ich machen will!*

Und von ziemlich genau diesem Moment an war es mein Ziel, Lehrerin zu werden. Ich besuchte die Universität von Georgia, studierte Lehramt und unterrichtete dann an einer Grundschule. Ich *liebte* es.

Ganz besonders liebte ich die Winterzeit, wenn die Klassenzimmer so toll dekoriert waren, und dann die ganzen Feiern – ich weiß, ich weiß. Vielleicht schockiert es dich, dass ich eine Lehrerin war, die sagt: „Ich mag die Feiern!" Aber ich mochte es natürlich auch, dass die Kinder bei mir etwas lernten. Ich liebte es, ihnen Bücher laut vorzulesen. Ich liebte es, Teil ihres alltäglichen Lebens zu sein. Für mich war es ein absoluter Traumjob. Parallel dazu arbeitete ich ehren-

> *Ich hatte zwei Vollzeitjobs. Zwei sehr unterschiedliche Jobs. Aber meine Berufung war immer dieselbe.*

amtlich in der Jugendgruppe meiner Gemeinde mit und begann, Lehrmaterialien für sie zu erstellen.

Eines Tages war dann unser Jugendpastor krank und bat mich, die Jugendstunde zu übernehmen. Und all das brachte den Ball ins Rollen, bis ich schließlich zwei miteinander konkurrierende Jobs hatte. Ich kam von der Schule nach Hause, schrieb die ganze Nacht lang und trank dann am nächsten Tag auf dem Weg zur Schule literweise Kaffee, um wach zu bleiben.

Und ich hatte das Gefühl, dass Gott mir diese Chance vor die Nase setzte und mir sagen wollte: „Hey – diese Sache mit dem Schreiben und den Vorträgen … willst du das nicht mal versuchen?"

So fragte mich Gott, ob ich mutig sein wolle, und ich sagte Ja.

Ich hatte zwei Vollzeitjobs. Zwei sehr unterschiedliche Jobs. Aber meine Berufung war immer dieselbe.

Ich glaube, dass wir alle eine Berufung haben, aber diese auf vielfältige Weise Ausdruck finden kann. Eine Berufung. Vielerlei Ausdrucksweisen. Sei mutig und erkunde sie.

. . . .

*Sei mutig: Zeigt dir Gott vielleicht
noch andere Wege, wie du deine Berufung
ausdrücken kannst?*

Tag 36

Setze das Puzzle Teil für Teil zusammen

. . . .

Was der Fleißige plant,
bringt ihm Gewinn; wer aber allzu schnell
etwas erreichen will, hat nur Verlust.
Sprüche 21,5

Als ich noch als Lehrerin an einer Grundschule arbeitete, hätte ich nicht im Traum daran gedacht, dass ich einmal Bücher schreiben würde. Ich konnte mir kaum vorstellen, auch nur eine Geschichte zu schreiben über meinen Wunsch, Geschichten zu erzählen! Aber dann startete ich einen Blog und musste für die Blogbeiträge jeden Tag neuen Mut aufbringen.

Ich arbeitete also erst mal an diesem Teil meines Puzzles.

Dann schrieb ich Lektionen fürs Bibelstudium für eine Gruppe von Oberstufenschülerinnen, die sich montagabends bei mir zu Hause traf.

Das war der nächste Teil.

Aus diesen ausgedruckten Lektionen wurde dann *Perfectly Unique*, ein Buch, das von Tausenden von Mädchen auf der ganzen Welt gelesen wurde. Und dann kam mein nächstes Buch, *Speak Love*. Und dann *Let's All Be Brave*. Und dann *Looking for Lovely* … und dann, was auch immer nach dem hier kommt.

Um zu jedem dieser Teile zu gelangen, musste ich den Mut haben, erst mal an dem zu arbeiten, was gerade für mich dran war. Auch wenn ich von etwas Größerem träumte oder mir eine andere Situation wünschte, wusste ich, dass ich in dem Moment genau dort schreiben und reden sollte, wo ich war. Ich sollte an dem Platz mutig zu sein, an den Gott mich gestellt hatte. Und jetzt sind wir hier. Du und ich. Und wir beide haben mit Angst zu kämpfen.

Was solltest du also heute tun?

Tu das, was direkt vor dir liegt.

....

Tu das, was direkt vor dir liegt.

....

Wenn du davon träumst, eines Tages die Vorstandsvorsitzende deiner Firma zu werden, solltest du jetzt als Angestellte nicht jeden Tag zu spät zur Arbeit kommen. Tu heute dein Bestes, an welchem Ort oder in welcher Position du dich auch befindest. Das wird dich zum nächsten Teil führen.

Wie auch unser heutiger Vers aussagt, führen gute Planung und harte Arbeit zum Erfolg. Wenn du einmal die Früchte einer Arbeit genießen willst, die du aus deiner Berufung heraus tust, solltest du heute genau dort hart arbeiten, wo du im Moment bist. Setze das Puzzle Teil für Teil zusammen.

. . . .

Sei mutig: *Schau auf dein heutiges Leben.*
Welcher Teil deiner Berufung zeigt sich hier?

Tag 37

Wohin kann deine Berufung dich führen?

. . . .

Wisst ihr, Gott kann alles tun –
weit mehr, als ihr euch in euren kühnsten
Träumen jemals vorstellen oder erahnen
oder erbitten könntet! Er tut es nicht,
indem er uns herumschubst, sondern indem er
tief in uns arbeitet, ganz behutsam,
durch seinen Geist.
Epheser 3,20 (aus The Message)

Nehmen wir mal an, du arbeitest gerade an einem Teil deines Puzzles. Du weißt, was deine Berufung ist. Du weißt, dass du durch das, was du momentan tust – egal, ob beruflich oder in deiner Freizeit –, an einem Teil der größeren Sache arbeitest, zu der du dich berufen fühlst. Vielleicht weißt du, was diese Berufung ist. Vielleicht aber auch nicht. Vielleicht musstest du deine Überzeugung auch schon mal ändern.

Ich kann dir nicht sagen, wie viele Leute ich kenne, die auf der Uni ihre Hauptfächer gewechselt haben. Oder ein Fachgebiet studierten, aber danach etwas ganz anderes machten.

Das Tolle an deiner Berufung ist, dass es keine Sackgassen gibt. Auch wenn du beim letzten Mal nicht mutig genug warst, deine Chance zu nutzen, kannst du dafür dieses Mal mutig sein.

Wohin kann deine Berufung dich führen? Die Möglichkeiten sind grenzenlos! Wenn du dir nicht sicher bist, in welche Richtung du gehen sollst, hab den Mut, dir ein paar Berater zu suchen. Einer meiner Freunde aus Nashville hat das getan. Er war schon seit Ewigkeiten Musiker, war sich aber nicht sicher, ob er das auch weiterhin sein wollte. Also lud er ein paar Freunde zum Abendessen ein und bat uns um unsere Einschätzung. Er fragte uns, was unserer Meinung nach seine Stärken seien und vor allem, wo wir glaubten, dass er diese konkret einbringen könnte.

Er bat uns nicht, ihm zu helfen, seine Berufung zu finden. Die kannte er. Er war auf der Suche nach anderen Ausdrucksmöglichkeiten seiner Berufung, weil er sich nicht mehr sicher war, was seine momentane Arbeit anging: Hatte er wirklich noch Freude daran oder tat er sie mehr aus finanziellen Gründen? Was könnte er sonst noch tun?

Vielleicht ist dir nicht wohl dabei, andere an diesen Fragen teilhaben zu lassen, die dein Herz so tief beschäftigen. Was, wenn

> *Das Tolle an deiner Berufung ist, dass es keine Sackgassen gibt. Auch wenn du beim letzten Mal nicht mutig genug warst, deine Chance zu nutzen, kannst du dafür dieses Mal mutig sein.*

sie etwas sagen, das du nicht hören willst? Hab den Mut, ihnen zuzuhören. Und hab auch den Mut, ihnen zu widersprechen.

Wohin wird deine Berufung dich führen? Gott weiß es, und wenn du mutig bist, wirst du es auch bald wissen.

. . . .

Sei mutig: *Mit wem kannst du darüber sprechen, wohin deine Berufung dich führen kann? Wem kannst du deine Träume und Geschichten anvertrauen?*
Wer kann dir helfen, Ideen zu entwickeln?

Tag 38

Wenn dein Job nicht deine Berufung ist

....

Denkt bei allem daran, dass ihr letztlich für ihn
und nicht für die Menschen arbeitet.
Kolosser 3,23

Was machst du, wenn du in einem Job feststeckst, zu dem du
dich nicht für immer berufen fühlst? Es gibt Zeiten, da musst du
nun mal in Bereichen arbeiten, die nicht deiner Berufung ent-
sprechen. Vielleicht liegt dein Job noch nicht einmal in der Nähe
deiner Berufung. Vielleicht hast du sogar das Gefühl, dass du
während jeder einzelnen Arbeitsstunde das Gegenteil von dem
tust, wozu du berufen bist.

In solchen Situationen bist du noch immer dazu berufen, treu
deine Arbeit zu tun – als ob du für den Herrn arbeiten würdest
und nicht für Menschen.

Auch ich habe Jobs gehabt, die nicht meine Berufung waren.
Zum Beispiel war die Arbeit bei *Local Taco*, einer amerikanischen Fast-Food-Kette, definitiv nicht meine Berufung (auch

wenn das Essen lecker war), aber ich musste nun mal Geld verdienen. Also erschien ich pünktlich zur Arbeit, tat, was ich tun sollte, und zwar so gut ich konnte, bis zu meinem letzten Arbeitstag. Diese Erfahrung hat mir sehr viel gebracht.

Kaum jemand schafft es, sich über seine Träume bewusst zu werden, seine Berufung zu entdecken und dann direkt seinen perfekten Traumjob zu ergattern. Bei allen Jobs gibt es Tätigkeiten, die nicht zu unseren Lieblingsbeschäftigungen gehören, aber wir müssen sie trotzdem machen.

Als ich mir noch darüber klar zu werden versuchte, wie meine berufliche Laufbahn einmal aussehen sollte, war ich ziemlich arm – ich meine, ich kam gerade so über die Runden, musste meine Eltern um Geld bitten, nutzte Fahrgemeinschaften, um Benzin zu sparen, und verkaufte meine Sachen über Kleinanzeigen. Und bei vielen meiner Freunde war es ebenso.

> *Kaum jemand schafft es, sich über seine Träume bewusst zu werden, seine Berufung zu entdecken und dann direkt seinen perfekten Traumjob zu ergattern.*

Zu dieser Zeit standen viele von uns am Anfang ihrer künstlerischen Laufbahn und bei unseren ersten Schritten kamen wir uns ein bisschen vor wie Oliver Twist in der Warteschlange vor der Armenspeisung. Ich arbeitete als Kindermädchen. Ich arbeitete bei *Local Taco*. Ich nahm Schreib- und Redaktionsjobs an, die ich online fand.

Ich legte mich echt ins Zeug. Und das musste ich auch. Niemals hätte ich es geschafft, das zu tun, was ich jetzt tue und was ich liebe, wenn ich nicht auch hart in den Jobs gearbeitet hätte, die nicht meine Berufung waren.

Du musst den Mut haben, treu zu sein, auch wenn du eigentlich keine Lust auf deinen Job hast. Du musst den Mut haben, jetzt hart für einen Lohn zu arbeiten, den du erst später erhalten wirst. Aber das ist es wirklich wert!

....

Sei mutig: Tu heute in deinem Job etwas,
das ein bisschen Mut erfordert.
Bring eine neue Idee vor. Versuche,
kreativ zu sein. Sprich mit jemandem, dem du
normalerweise aus dem Weg gehst.

Tag 39

Finde deine Berufung in deinem Job

....

Bleibt daher fest und unerschütterlich
in eurem Glauben, meine lieben Brüder
und Schwestern! Setzt euch
mit aller Kraft für den Herrn ein,
denn ihr wisst:
Nichts ist vergeblich, was ihr für ihn tut.
1. Korinther 15,58

Bleiben wir noch ein bisschen bei meiner Arbeit bei *Local Taco*. Denn dank des guten mexikanischen Essens konnte ich noch immer etwas im Rahmen meiner Berufung tun (und weiterhin leckere Tacos essen).

Wenn es meine Berufung ist, Menschen lange genug zu unterhalten, dass sie etwas lernen, konnte ich dies auch bei *Local Taco* tun! Ich habe den Leuten geholfen herauszufinden, was ihnen schmeckt, und unter den vielen Möglichkeiten eine auszuwählen, während sie das Gefühl hatten, sie redeten mit einer

Freundin. Ich war einfach ich und tat einfach die Arbeit, die ich gerade vor mir hatte. Du kannst völlig du selbst sein, egal, wo du bist. Und das ist deine Entscheidung.

Hast du den Mut, deine Berufung in deinem Job zu sehen, auch wenn dieser nicht ganz dein Ding ist? Sagen wir mal, dein Traum ist es, Krankenschwester zu sein. Hast du den Mut zu sagen: „Ich habe immer davon geträumt, Krankenschwester zu sein, weil ich mich gern um andere Menschen kümmere. Und jetzt arbeitete ich in einem Restaurant. Aber – hey – ich kann mich auch hier um Menschen kümmern! Ich kann zwar nicht ihr Leben retten, aber ich kann mich um meine Kollegen und meine Kunden kümmern"?

Kannst du auf dein Leben schauen und erkennen, wo du bereits deine Berufung auslebst, auch wenn dein Job ganz anders aussieht, als du gedacht hast?

Wer auch immer deine Gehaltsabrechnungen unterschreibt – Gott glaubt an dich. Er glaubt an all deine Einzigartigkeiten, die er geschaffen hat. Er glaubt an all die Träume, die in deinem Herzen brodeln. Er glaubt an deine Fähigkeit, nach dem schmalen Felsvorsprung zu greifen, der deine nächste Aufforderung zum Mutigsein ist.

Du kannst völlig du selbst sein, egal, wo du bist. Und das ist deine Entscheidung.

Auch ich glaube an dich. Ich glaube, dass du dieses Buch nicht ohne Grund gewählt hast und dass dir die Vorstellung gefällt, dein Leben könnte sich verändern, wenn du dich 100 Tage lang mit dem Thema Mut beschäftigst. Du willst mutig sein. In deiner Mitte – ich nenne den Bereich gern den „Wissenden", irgendwo zwischen deiner Brust und deiner Wirbelsäule – weißt du, dass du mutig sein willst.

Du kannst mutig sein und deine Berufung finden, egal, welchen Job du gerade hast und wo du vielleicht in Zukunft arbeiten wirst. Du bist einzigartig, wirst zutiefst geliebt, und Gott hatte etwas im Sinn, als er dich schuf. Und du bist dazu berufen, mutig zu sein.

. . . .

Sei mutig: Kannst du ein paar Gründe aufzählen, warum der Job, den du heute hast, zu dieser Zeit in deinem Leben genau der richtige ist?

Tag 40

Arbeite hart

....

Harte Arbeit zahlt sich aus;
Reden allein ernährt dich nicht.
Sprüche 14,23 (aus The Message)

Halte durch. Arbeite hart. Stell dich nicht so an.

Ich gehöre zur Millenniumgeneration. Und uns wurde, wie jeder Generation, ein gewisser Stempel aufgedrückt. Zum Beispiel sind wir dafür bekannt, nicht so hart zu arbeiten wie einst unsere Eltern. Und, ganz ehrlich, hart arbeiten macht mir auch nicht immer Spaß.

Ich weiß nicht, wie es dir geht, und ich weiß nicht, zu welcher Generation du gehörst und wofür diese bekannt ist, aber ich möchte diese Wahrnehmung meiner Generation nicht auch noch untermauern.

Ich möchte pünktlich sein. Ich möchte sogar etwa drei Minuten früher da sein. Wenn ich sage, ich werde da sein, will ich auch da sein, wo auch immer „da" dann ist.

Unsere neue Praktikantin, Haile, fing am selben Tag an, als die Mikrowelle im Büro kaputtging. Sie hat sie nicht kaputt gemacht, es war einfach so, dass just an ihrem ersten Tag die Glastür in Milliarden Teile zerbrach. Ich hatte an diesem Nachmittag eine Besprechung, und als ich ging, sagte ich ihr nur: „Sei vorsichtig, wenn du hier entlangläufst. Ich räume auf, wenn ich wieder zurück bin."

Als ich nach zwei Stunden zurückkam, hatte Haile das ganze Glas weggeräumt. Es stand nicht in ihrer Stellenbeschreibung. Ich hatte sie nicht darum gebeten. Sie sah ganz einfach die harte Arbeit, die getan werden musste, und tat sie. Und dies war kein Versuch, uns damit an ihrem ersten Tag zu beeindrucken. Haile war während ihres gesamten Praktikums so – weswegen wir sie anstellten, nachdem sie ihren Universitätsabschluss gemacht hatte.

Ich sah Mut in ihr – sie war in ein Chaos hineingekommen, das sie nicht verursacht hatte, und arbeitete hart, um es zu beseitigen. Ich war beeindruckt. Und bin es immer noch.

Was auch immer du tust und worum auch immer du gebeten wirst, arbeite hart.

Wenn man wirklich hart arbeitet, gewinnt man eine Menge. Man gewinnt Respekt. Man darf seinen Job behalten. Man erhält einen guten Ruf. Es macht nicht immer Spaß, aber genau so möchte man doch sein, oder? Willst du nicht auch jemand sein, der dafür bekannt ist, hart zu arbeiten?

Was auch immer du tust und worum auch immer du gebeten wirst, arbeite hart. Es lohnt sich wirklich.

....

Sei mutig: *Arbeite heute hart.*
Im Ernst. Gib mehr, als du hast, und sieh,
was du dadurch erhältst.

Tag 41

Mit wem du lebst, ist genauso wichtig wie das, was du tust

....

Wie man Eisen durch Eisen schleift,
so schleift ein Mensch den Charakter
eines anderen.
Sprüche 27,17

Wenn du für deinen Job oder deine Berufung die Menschen vernachlässigst, die dir wichtig sind, dann machst du leider etwas falsch.

So etwas sieht man ständig, oder? Menschen arbeiten superhart und haben Arbeitstage von fünfzehn Stunden, aber sie haben keine Freunde oder kommen nach Hause zu kaputten Familien.

Wir müssen den Mut haben, die Balance zu finden. Auch wenn wir unter finanziellem Druck stehen – wie das wohl meistens der Fall ist. Auch wenn es Druck auf der Arbeit gibt. Wir müssen den Mut haben, die Balance zwischen Arbeit und Leben zu finden, weil wir Beziehungen brauchen.

Während meiner Anfangszeit in Nashville entwickelte sich eine Freundschaft zu mehreren Leuten, die für mich wie eine Familie waren. Wir hatten alle nicht viel Geld – man könnte auch sagen, wir waren „völlig abgebrannt" – und wollten gern Zeit miteinander verbringen. Niemand wollte alleine essen, aber wir konnte es uns nicht leisten, essen zu gehen.

Also fingen wir mit unseren „Familienessen" an. Unser sonntägliches Ritual war anfangs sehr einfach gehalten. Wie in der bekannten Kindergeschichte von der Steinsuppe brachten wir alle die paar spärlichen Dinge mit, die wir uns für eine anständige Mahlzeit zusammenschnorren konnten. Jason brachte ein Pfund Rinderhack mit. Während Laura es briet, schnitt Emily eine Zwiebel klein. Wir kochten Nudeln und fügten Karotten hinzu (danke, Claire) und verschiedene Sorten frisches Gartengemüse (von Joel, der ein berühmter Songschreiber ist und sich damals schon frisches Gemüse leisten konnte). Und mit viel Wasser machte die Suppe uns satt.

Evan macht die tollsten Sandwiches mit gegrilltem Käse auf dieser Seite des Mississippi. Dank Betsy, die ein Stück scharfen Cheddarkäse mitbrachte, Marisa, die einen Laib Brot beisteuerte, und meinem Knoblauchsalz wurden wir alle satt.

Wir müssen den Mut haben, die Balance zu finden.

In diesem familiären Umfeld fühlte ich mich so wohl, als ob ich schon immer mit diesen Leuten zusammen gewesen wäre. Und Woche für Woche aßen wir zusammen.

Nicht immer lief alles perfekt. Wenn junge Künstler, die ihren Träumen nachjagen, eine Familie bilden, sind die Emotionen manchmal größer als sonst, und es kommt schon mal vor, dass Gefühle verletzt werden. Es gab Zeiten, wo manche Freunde außen vor gelassen wurden oder zu viele Leute kamen, die aber vergessen hatten, Lebensmittel mitzubringen, sodass das Essen nicht für alle reichte. Aber wir hielten diese Tradition über Monate hinweg am Leben. Jede Woche gaben wir uns gegenseitig Raum in unserem Leben. Wir gaben den anderen Priorität – im Hinblick auf unsere Zeit, unser Geld und unsere Lebensmittelvorräte.

So etwas brauchen wir alle. Verfolge deine Träume und versuche, deine Berufung so weit wie möglich auszuleben, aber lass nicht zu, dass dies dich davon abhält, in Beziehungen zu investieren. Teile dein Leben mit anderen.

. . . .

Sei mutig: Iss heute Abend mit jemandem zusammen. Rufe eine Freundin oder einen Freund an. Schicke deiner Familie eine Textnachricht. Finde jemanden, mit dem du Zeit verbringen kannst, und erzähle dieser Person deine Geschichte.

Hab den Mut, andere zu lieben

Zu lieben erfordert Mut.

Tag 42

Mutige Menschen brauchen Menschen

. . . .

Zwei haben es besser als einer allein, denn
zusammen können sie mehr erreichen. Stürzt
einer von ihnen, dann hilft der andere ihm
wieder auf die Beine. Doch wie schlecht steht
es um den, der alleine ist, wenn er hinfällt!
Niemand ist da, der ihm wieder aufhilft!

Prediger 4,9–10

Es war an einem 4. Juli, genau eine Woche vor meinem Umzug von Nashville nach Edinburgh in Schottland. Ich war sehr traurig darüber, dass ich meine gewohnte Umgebung verlassen würde. Ich wusste, dass Gott gesagt hatte, ich solle nach Edinburgh gehen. Aber es brach mir das Herz, meine Freunde zurückzulassen.

An diesem sonnigen Tag im Juli verbrachte meine Clique den Tag mit *Tubing* auf dem Buffalo River, was bedeutet, dass wir uns auf großen Schwimmreifen den Fluss heruntertreiben ließen. Wir lachten, als ein paar von uns durch Stromschnellen von ihren Reifen gestoßen wurden, und wir hatten genug Snacks dabei, dass wir uns bis nach Florida hätten treiben lassen können, ohne dabei hungrig oder durstig zu werden. Dann begann es zu regnen, und wieder lachten wir, da nun doch alles durchnässt wurde, was wir zuvor so sehr versucht hatten, trocken zu halten. Es war einer dieser erinnerungswürdigen Tage, von denen man später einmal seinen Kindern erzählt.

Wir kamen gerade noch rechtzeitig nach Hause, um uns frisch zu machen und wieder zur Feuerwerksshow zusammenzukommen. Als wir auf das Parkdeck gingen, um einen guten Blick auf das Feuerwerk zu haben, waren wir ein lebendiger Freundschaftsorganismus – ein Menschenkunstwerk. Zu meiner Linken war Curt – Produzent einer lokalen Band und einer der verantwortungsbewusstesten und nettesten Männer, die ich je getroffen habe. Zu meiner Rechten war Lyndsey – eine fantastische Schriftstellerin und eine meiner besten Freundinnen.

Freundschaft ist Arbeit. Freundschaft erfordert Mut.

Als sich meine Augen mit Tränen füllten, ließ ich meine linke Hand in die Armbeuge von Curts rechtem Arm gleiten. Wir lächelten. Die Tränen flossen langsam über meine Wangen. Ich wusste in dem Moment nicht, wie ich sie stoppen konnte, und ich konnte ohnehin nicht klar genug denken, um die entsprechenden Maßnahmen zu ergreifen. Ich sagte zu Lynds: „Halte meine Hand." Und so gingen wir drei los, verbunden durch meinen Kummer, um uns eine Feuerwerksshow anzusehen.

Ich wusste aus ganzem Herzen, dass Gott wollte, dass ich umziehe, aber ich war so traurig, meine Freunde zurückzulassen. Aber so traurig dieser Teil meines Lebens auch war, ich würde ihn gegen nichts in der Welt eintauschen.

Es ist einfacher, eine Beziehung mit Netflix zu haben. Warum? Weil du dort nicht schmerzvoll Abschied nehmen musst. Mit deinen Serien auf Netflix hast du keine Reibereien. Wenn dir eine Serie nicht gefällt, schaltest du sie einfach aus. Aber Freundschaft ist Arbeit. Freundschaft erfordert Mut.

Wir alle brauchen andere Menschen. Du musst mutig sein und deine Liebe zu anderen Menschen zulassen. Und um mutige Entscheidungen zu treffen, brauchst du die Unterstützung durch deinen eigenen Organismus von Freunden.

. . . .

Sei mutig: *Schreibe einen Brief an eine Freundin oder einen Freund, die bzw. der für dich da gewesen ist. Danke dieser Person und sag ihr, wie viel sie dir bedeutet.*

Tag 43

Deine Familie

....

Vor langer, langer Zeit beschloss er, uns durch
Jesus Christus in seine Familie aufzunehmen.
(Wie sehr hat es ihm gefallen, dies zu
planen!) Er wollte, dass auch wir uns an den
großzügigen Geschenken erfreuen, die er uns
durch die Hand seines geliebten Sohnes gibt.
Epheser 1,5 (aus The Message)

Jede Familie ist anders und hat verschiedene Stärken und Sorgen. Vielen Menschen gibt die Liebe zu ihrer Familie oder
einfach die Zeit, die sie mit ihrer Familie verbringen, mehr Mut
als alle anderen Beziehungen zusammen.

Die perfekte Art von Familie sehen wir bei Gott. Er hat uns –
trotz unserer Fehler und Schwächen – durch Jesus in seine Familie aufgenommen. Er liebt uns auch dann, wenn wir nicht
liebenswert sind. Das heißt nicht, dass von uns verlangt wird,
ebenfalls ein perfektes Familienleben zu führen; es heißt ganz

einfach, dass wir in *seiner* Familie perfekt behandelt werden und dort perfekt für uns gesorgt wird.

Was bedeutet es, in deiner Familie mutig zu sein? Es bedeutet, den Mut zu haben, sie zu lieben, auch wenn bei ihr nicht immer alles richtig läuft. Es bedeutet, den Mut zu haben, in einer Familie zu bleiben und sie zu lieben und zu gestalten.

Es gibt ein tolles Buch mit dem Titel *Hillbilly Elegie*, das ich dir wirklich ans Herz lege. In diesem Buch geht es um einen jungen Mann, der in einer ländlichen Gegend in den Appalachen aufwächst und schließlich nach Yale geht, um in ein eigenes, erfolgreiches Leben zu starten. Er bricht die seit Generationen übernommenen Regeln und schafft etwas Neues.

> **Du kannst den Mut haben, deine Familie zu lieben, auch wenn bei deiner Familie nicht immer alles richtig läuft.**

Eine Sache, die ich mir aus dem Buch mitgenommen habe, war: *Meine Güte, er kam aus einer kaputten Familie (auch wenn er sie wirklich respektvoll beschreibt), aber trotzdem hatte er den Mut, eine eigene Familie zu gründen. Er hat eine Frau und Kinder … ich glaube zumindest, er hat Kinder. Zumindest hat er Hunde.*

Worauf ich hinauswill: Hast du den Mut, eine eigene Familie zu gründen, auch wenn du Probleme in deiner Herkunftsfamilie hattest?

Und wie kann es dir gelingen, deine Familie zu lieben, wenn sie dir vielleicht wehgetan hat? Jede Situation ist natürlich anders. Manchmal ist es das Beste, bestimmte Familienmitglieder aus der Ferne zu lieben.

Aber wie kann Liebe zur Familie bei dir praktisch aussehen? Folge dem Beispiel Gottes, der Vergebung und Gnade lebt und atmet. Bitte ihn um Weisheit im Hinblick auf jene Mitglieder deiner Familie, bei denen du nicht weißt, wie du mit ihnen umgehen sollst. Bete um den Mut, bei deiner Familie zu bleiben und sie so zu lieben, wie sie ist, so wie auch Gott dich so liebt, wie du bist.

. . . .

Sei mutig: Ruf jemanden aus deiner Familie an. Danke dieser Person für ihre Liebe und ihre Unterstützung in den vergangenen Jahren. Vielleicht ist Familie für dich auch ein kompliziertes Thema; das verstehe ich. Dann ruf jemand an, der für dich wie eine Familie gewesen ist.

Tag 44

Deine Freunde

. . . .

Seid in herzlicher Liebe miteinander
verbunden, gegenseitige Achtung soll euer
Zusammenleben bestimmen.

Römer 12,10

Erinnerst du dich an das „Familienessen" mit meinen Freunden, von dem ich dir an Tag 41 berichtet habe? Unsere Famili-
enessenclique ist nicht jahrelang so zusammengeblieben, aber
viele von uns trafen sich letzten Dezember wieder; wir saßen am
Tisch und auf Sofas, aßen gemeinsam Chili und lachten und erzählten.

Inzwischen ist unsere Gruppe größer als vor sieben Jahren,
denn es sind ein paar Ehepartner und Kinder dazugekommen.
Aber es war, als wären wir niemals getrennt gewesen. Stunden-
lang unterhielten wir uns, Freundschaften wurden neu belebt
und es wurde viel gegessen. In den nächsten Tagen sprachen viele von uns darüber, wie wichtig dieser Abend für sie gewesen

war. Und über die Langlebigkeit unserer Freundschaft und unsere gemeinsame Geschichte.

Ich weiß, ich wiederhole mich, aber *du brauchst Freunde*. Ich brauche Freunde. Alle brauchen Freunde – und deine Freunde brauchen *dich*.

Du musst mutig sein und Menschen so nah an dich heranlassen, dass sie in dein Leben hineinsprechen können. Das Geschenk der Gemeinschaft ist so kostbar, aber um solche Beziehungen in deinem Leben zu entwickeln, musst du mutig sein und dein Leben für andere öffnen.

Römer 12,10 sagt uns, dass unser Zusammenleben durch gegenseitige Achtung bestimmt sein sollte. Eine solche Liebe wird dich verändern. Und auch die anderen.

Das Chiliessen mit alten Freunden an Weihnachten war wunderbar. Das, was uns zusammenhält – was auch einen Haufen von armen, alleinstehenden Freunden zusammenhielt, der sich vor all den Jahren sonntagabends zum Kochen traf –, ist noch immer da. Wir sind noch immer wir. Wegen diesen Menschen und diesen gemeinsamen Essen bin ich heute eine bessere Annie. Um das Bild aus Psalm 23 aufzugreifen: Mein Becher ist randvoll.

Du musst mutig sein und Menschen so nah an dich heranlassen, dass sie in dein Leben hineinsprechen können.

Ich bin so dankbar, dass diese Menschen den Mut hatten, mich in ihr Leben zu lassen, und dass ich den Mut hatte, sie in meines zu lassen.

. . . .

Sei mutig: *Nimm dein Telefon in die Hand und ruf eine Freundin oder einen Freund an, die bzw. den du schon eine Weile nicht gesehen hast.*

Tag 45

Dates und Ehe

....

Vertraue Gott aus tiefstem Herzen;
versuche nicht, alles allein zu verstehen.
Versuche, Gottes Stimme in allem zu hören,
was du tust; er ist derjenige, der dir hilft,
in der Spur zu bleiben.
Sprüche 3,5–6 (aus The Message)

Ich stand im Gästebad meiner Freunde Rob und Emily und bereitete mich auf ein Date vor, auf das ich eigentlich gar keine Lust hatte. Rob sah sich Golf im Fernsehen an, und ich legte etwas Make-up auf und versuchte, meine vier Milliarden Haare in irgendeine ordentliche Frisur zu verwandeln. Während ich mich weiter zurechtmachte, stellte mir Rob jede Menge Fragen: Wer ist dieser Typ? Wo hast du ihn kennengelernt? Warum hast du Ja gesagt?

Noch bevor dieses Verhör zu Ende war, weinte ich. Ich wollte eigentlich nicht auf dieses Date gehen. Ich hatte erst wenige

Wochen zuvor eine Beziehung mit einem wundervollen Mann beendet, und jetzt wieder auszugehen fühlte sich an, als würde jemand Salz in eine Wunde streuen in der Hoffnung, sie würde dadurch heilen.

Doch ich hatte nun mal Ja gesagt. Es war ein nettes Date. Wir haben uns gut unterhalten, und er fand, ich sei ziemlich lustig – wenn ich so etwas höre, geht mein Herz auf. Aber noch einmal ausgegangen sind wir nicht.

Ein Date mit einem netten Kerl machte nicht alles wieder gut. Ich war immer noch traurig. Es hat mich nicht geheilt. Aber trotzdem bewirkte es etwas Gutes in mir – ich wusste nun, dass das Leben weitergehen würde. Es würde wieder in Ordnung kommen.

Ich hatte schlechte Dates und ich hatte tolle Dates, aus denen sich Beziehungen entwickelt haben. Natürlich gibt es auch Menschen und Momente, die schmerzhafte Erinnerungen wiederaufleben lassen, aber ich habe es nie bereut, dass ich den Mut hatte, rauszugehen und es zu versuchen.

Ich habe es nie bereut, dass ich den Mut hatte, rauszugehen und es zu versuchen.

Wenn du noch nicht verheiratet bist, solltest du auf Dates gehen. Im Ernst. Geh raus. Versuch es einfach mal, auch wenn du Angst davor hast oder du nicht weißt, was auf dich zukommt. Durch Freundschaft, Dates und Ehe wirst du etwas über Gottes Liebe und Persönlichkeit lernen. Die Angst versucht nur, dich davon abzuhalten, in diesen Beziehungen dein Herz zu verschenken. Lass die Angst nicht gewinnen.

Wenn du verheiratet bist, sei mutig in deiner Ehe. Sei gnädig mit deinem Ehepartner. Hab den Mut, offen zu sein und deine Gefühle mitzuteilen. Lass nicht zu, dass Jahre voller Schmerz und Verletzungen eine Mauer zwischen euch aufbauen. Lauf nicht weg, wenn du dich abgelehnt fühlst.

Hab den Mut, an deiner Ehe festzuhalten, zu vergeben und dir vergeben zu lassen.

. . . .

Sei mutig: So, das wird euch allen gefallen!
Wenn du verheiratet bist, geh mit deinem
Ehepartner aus. Bist du Single,
dann frag jemanden, ob er Lust hat,
mit dir einen Kaffee zu trinken. Jemanden,
der vielleicht „der Eine" oder „die Eine"
sein könnte. Sei mutig. Nur zu!
Es ist ja erst mal nur Kaffeetrinken.

Tag 46

Deine Gemeinde

....

Liebe ist geduldig und freundlich. Sie ist nicht
verbissen, sie prahlt nicht und schaut nicht auf
andere herab. Liebe verletzt nicht den Anstand
und sucht nicht den eigenen Vorteil, sie lässt
sich nicht reizen und ist nicht nachtragend. Sie
freut sich nicht am Unrecht, sondern freut sich,
wenn die Wahrheit siegt. Liebe nimmt alles
auf sich, sie verliert nie den Glauben oder die
Hoffnung und hält durch bis zum Ende.
1. Korinther 13,4–7

Ich weiß nicht, welche Erfahrungen du bereits mit deiner Gemeinde gemacht hast und wie du gerade zu deiner Gemeinde stehst. Vielleicht hast du erst vor Kurzem angefangen, Jesus nachzufolgen, und Gemeinde ist voll dein Ding. Das freut
mich sehr für dich, aber es ist leider eine Tatsache: Wie in jeder
Beziehung werden du und die Gemeinde auch Zeiten erleben,

in denen der Weg steinig wird. Wie in jeder Beziehung wirst du irgendwann von den fehlerhaften Menschen, die deine Gemeinde leiten, enttäuscht werden, und dann wirst du Liebe so praktisch ausüben müssen, wie sie in 1. Korinther 13 beschrieben wird.

Weißt du, warum Gemeinde eine so schwierige Sache ist? Weil sie aus Menschen besteht. *Aus so vielen Menschen.* Meine Gemeinde hat gerade eine schwierige Zeit hinter sich und meine Gefühle waren ehrlich gesagt ziemlich durcheinander. Am liebsten hätte ich die Gemeinde gewechselt.

Einmal fragte ich einen Freund von mir, Pastor Scott Sauls, was passiert, wenn man in einer Gemeinde bleibt, auch wenn man verletzt wurde oder es einem schwerfällt. Er sagte: „Dann wird man erwachsen."

Wow.

Zum Christsein gehört es, sich durch die Bibel zu kämpfen und eben auch durch Beziehungen. Wenn wir uns von unserer Gemeinde einfach so lossagen, kämpfen wir erst gar nicht. Und so verlieren wir die Chance, einen inneren Kampf zu kämpfen und nach außen hin trotz der Umstände Liebe zeigen zu können.

Weißt du, warum Gemeinde eine schwierige Sache ist? Weil sie aus Menschen besteht. Aus so vielen Menschen.

Wir sind dazu berufen, unsere Mitmenschen außerhalb der christlichen Gemeinschaft herzlich zu lieben. Uns gegenseitig an Freundlichkeit zu überbieten. Andere an die erste Stelle zu setzen. Wenn wir uns von unserer Gemeinde lossagen, sagen wir uns auch von unserer Glaubensfamilie los. Von dem System, das uns trägt.

Mutige Christen bleiben in ihrer Gemeinde. Und mutige Menschen sind bereit, auch dann dabeizubleiben, wenn es schwierig wird.

. . . .

Sei mutig: Geh am kommenden Sonntag in eine Gemeinde. Wenn du keine gute kennst, ruf jemanden an und frag danach. Wenn du mal verletzt wurdest, gehe trotzdem hin – in die Gemeinde, die du schon kennst, oder eine, die du noch nicht kennst. Aber geh wieder durch diese Türen und lass dich überraschen, was dann geschieht.

Tag 47

Finde einen Mentor

. . . .

Wenn du mit vernünftigen Menschen Umgang
pflegst, wirst du selbst vernünftig.
Wenn du dich mit Dummköpfen einlässt,
schadest du dir nur.
Sprüche 13,20

Für manche ist der Gedanke, sich einen Mentor zu suchen, vielleicht etwas beängstigend. Aber du brauchst wirklich keine Angst davor zu haben. Es gibt keine bizarre Mentorenzeremonie mit Anstecknadeln und Nebelmaschinen und lebenslangen Verpflichtungen. So intensiv muss diese Beziehung nicht sein.

Aber auf jemanden zuzugehen und sie oder ihn zu bitten, dir mit ihrer / seiner Weisheit zur Seite zu stehen, kostet schon etwas Mut. Heutzutage sind die meisten Menschen ja sehr beschäftigt. Ich auch. Und ich wette, du auch.

Hast du den Mut, dennoch jemanden darum zu bitten?

Um deine Ängste ein wenig zu beruhigen – jemanden zu bitten, dein Mentor zu sein, heißt *nicht*, zu dieser Person hinzugehen und zu sagen: „Du bist mein Mentor", oder: „Gott hat mir gesagt, dass du mein Mentor bist."

Nein, so bitte nicht.

....

Auf jemanden zuzugehen und sie oder ihn zu bitten, dir mit ihrer / seiner Weisheit zur Seite zu stehen, kostet schon etwas Mut.

....

Mach es ganz einfach so: Finde eine Person aus deinem Umfeld, die du respektierst und die dir zwei oder drei Schritte voraus ist. Jemanden, mit dem oder der du zu Abend essen und dabei die schwierigen Fragen stellen kannst, die dich beschäftigen.

Damit eine Person dich als Mentor begleiten kann, musst du sie auch nicht ausdrücklich als *Mentor* bezeichnen. Es muss auch nicht eine Einzelperson sein, die zu deinem „Guru" wird. Und ihr müsst euch auch nicht zwingend alle zwei Wochen treffen.

Du kannst mehrere Mentoren für verschiedene Bereiche deines Lebens haben. Eine Mentorin für deine Arbeit. Eine für deine Familie. Einen für deine Berufung.

Scheu dich nicht davor, jemanden darum zu bitten, nur weil du Angst hast, du könntest eine Last für ihn sein.

In meinem Erwachsenenleben habe ich lange Zeit Studentinnen als Mentorin begleitet und ich habe das total geliebt. In den Zeiten, als ich regelmäßig junge Erwachsene als Mentorin begleitete, ihnen im Glauben half und Zeit mit ihnen verbrachte, war ich die glücklichste und erfüllteste Annie, die ich je gewesen bin.

Du wirst davon absolut profitieren, wenn du Mentoren in dein Leben einlädst, sie aber auch. Denn es ist eine Ehre, von Gott auf diese Weise benutzt zu werden.

Also, sei mutig! Bitte jemanden darum. Mach keine große Sache daraus. Was du nicht tun solltest, ist, jemanden darum zu bitten, dein „Guru" zu werden. Aber lade Leute in dein Leben ein und lerne von ihrer Weisheit.

. . . .

Sei mutig: Lade diese Woche eine ältere Person, die weiser ist als du, auf einen Kaffee ein.

Tag 48

Dein Online-Leben

. . . .

Ihr seid das Licht, das die Welt erhellt.
Eine Stadt, die oben auf einem Berg liegt,
kann nicht verborgen bleiben. Man zündet
ja auch keine Öllampe an und stellt sie dann
unter einen Eimer. Im Gegenteil: Man stellt sie
auf den Lampenständer, damit sie allen
im Haus Licht gibt. Genauso soll euer Licht
vor allen Menschen leuchten.
Dann werden sie eure guten Taten sehen und
euren Vater im Himmel preisen.
Matthäus 5,14–16

E-Mail für Dich ist noch immer mein Lieblingsfilm. Vielleicht
weil die Hauptperson einen kleinen Buchladen besitzt oder vielleicht auch wegen der vielen funkelnden Lichter, Gänseblüm-
chen, Stofftaschentücher und knielangen Röcke. Wenn dieser
Film im Fernsehen läuft, kann ich mich kaum davon losreißen.

Als er veröffentlicht wurde, war die Vorstellung, eine Person im Internet zu treffen, uns noch irgendwie fremd und unheimlich. Mit diesem Film wurde Neuland betreten. Heute ist das zum Glück nichts Besonderes mehr. Das Internet hält uns zusammen. Dafür bin ich echt dankbar. An manchen Tagen ist es für mich wie ein Band, das uns mit alten Freunden verbindet, die wir sonst aus ein Augen verlieren würden.

Im heutigen Vers geht es um das Licht der Welt. Wir sollen ein Licht sein, egal, wohin wir gehen – auch online.

Bevor ich anfing, Bücher zu schreiben, war ich als Bloggerin aktiv (anniefdowns.com/blog). Als ich damit anfing, kannte ich etwa fünf Leute mit einem Blog. Anfangs habe ich nur für diese fünf geschrieben. Für meine Freunde. Ich fing an, Geschichten über meine Tage im Klassenzimmer als Grundschullehrerin zu schreiben, über meine Erfahrungen in der Gemeinde und die absurden Dinge, die mir des Öfteren passieren. Und bevor ich davon wusste, lasen auch Fremde das, was ich schrieb.

Mein Blog-Publikum weiß aus erster Hand, wie sich mein Leben entwickelt. Und so leuchtet mein Licht, das manchmal nur diffus und oft genug trübe und voller Fehler ist, in die Städte der Menschen, die jeden meiner neuen Blog-Beiträge verfolgen. Ich kann dort Gott verherrlichen, selbst mit meinen Fehlern.

> *Wir sollen*
> *ein Licht sein,*
> *egal, wohin wir gehen –*
> *auch online.*

Die Leser müssen mich nicht persönlich kennen, um durch mein Leben Gott zu erfahren.

Welches Medium du nutzt, ist nicht so wichtig. Facebook.

Twitter. Ein Blog. Instagram. Pinterest. (Mich findest du dort überall, falls du mit mir in Verbindung treten möchtest!) Du hast so viele Möglichkeiten, etwas von deinem Licht weiterzugeben, von Gott zu erzählen und ihn den Menschen vorzustellen, die dir zuhören oder deine Beiträge lesen. Aber das Internet ist nicht wirklich ein Ort, an dem Christus willkommen ist.

Es erfordert Mut, anderen von deinem Glauben zu erzählen und ein Licht für Jesus zu sein, ob du nun online bist oder nicht. Technologien sind Werkzeuge, die Gott uns gegeben hat, damit wir ihn durch sie verherrlichen, wie auch immer dies aussehen mag und wie viele „Follower" uns dies kosten mag. Lasst uns alle mutig sein auf unseren Online-Plattformen!

. . . .

Sei mutig: Fotografiere das Cover dieses Buches und poste es in den sozialen Netzwerken, in denen du aktiv bist. Frag deine Freunde, ob sie sich nicht auch dieser 100-tägigen Herausforderung stellen möchten. Und verwende dabei den Hashtag #Mutigeralsdudenkst!

Tag 49

Deine Worte sind wichtig

....

Am Anfang schuf Gott Himmel und Erde.
Noch war die Erde leer und ungestaltet,
von tiefen Fluten bedeckt. Finsternis herrschte,
aber über dem Wasser schwebte der Geist
Gottes. Da sprach Gott: „Licht soll entstehen!",
und sogleich strahlte Licht auf.

1. Mose 1,1–3

Im 1. Buch Mose, wo berichtet wird, wie die Welt ihren Anfang nahm, lesen wir, dass Gottes Worte der Anfang von allem waren. Er sprach und Dinge entstanden. Licht. Land. Leoparden. Alles durch ein Wort. Und wir sind als seine Ebenbilder geschaffen.

Gott hatte den Mut, dich und mich zu erschaffen; er hatte den Mut, Menschen zu erschaffen, die ihm das Herz brechen würden.

Sprüche 18,21 sagt uns, dass unsere Zunge über Leben und Tod entscheiden kann, worum es bereits an Tag 12 unserer gemeinsamen Reise ging. Ich sehe das in meinem Leben. Ich sehe das in meinen Freundschaften. Ich sehe das in der Erinnerung an Dinge, die mir in der Vergangenheit gesagt wurden.

Wenn wir alle Samen des Mutes in uns tragen, die darauf warten aufzugehen, dann sind Worte die Sonne und das Wasser, die diese Samen anspornen, zu voller Größe zu wachsen.

Im Frühling von einigen Jahren überzeugte ich etwa zehn meiner Freundinnen, sich mit mir für ein einmonatiges Bootcamp anzumelden – ein besonders hartes Trainingslager. Wir wollten noch vor dem Sommer fit werden, und was dich nicht umbringt, macht dich ja bekanntlich härter.

Es war kein gewöhnliches Bootcamp. Es fand draußen statt und startete bereits um fünf Uhr morgens an einem Ort, der etwa zwanzig Minuten von unserer Wohngegend entfernt lag. Also musste jede von uns um kurz nach vier aufstehen und noch vor Sonnenaufgang trainieren.

Wenn wir alle Samen des Mutes in uns tragen, die darauf warten aufzugehen, dann sind Worte die Sonne und das Wasser, die diese Samen anspornen, zu voller Größe zu wachsen.

Im Laufe des Monats stellte die Übungsleiterin ein paar Dinge bei mir fest: 1. Das Bootcamp machte mir nicht sonderlich viel Spaß und 2. ich war fast immer der Klassenclown.

Deswegen begann sie in typischer „Lehrer-gegen-Klassenclown-Manier", mich ganz nach vorne zu holen, Dehnübungen vormachen zu lassen oder mich ständig anzustarren. Ich habe es gehasst! Sosehr ich es auch schon mal genieße, im Mittelpunkt zu stehen – beim Thema Sport ist dies sicher nicht der Fall. *Liebe Frau, lassen Sie mich bitte allein, damit ich in Ruhe meine vierzig Kniebeugen machen kann.*

An einem der letzten Tage des Bootcamps mussten wir einen Hindernisparcours überwinden. Wie jeden Tag war ich die Letzte, die ins Ziel kam. Am Ende des Parcours mussten wir mit einem schweren Ball in der Hand um Kegel herumrennen. Ich fing an und die Übungsleiterin rannte neben mir und schrie mir ins Ohr.

„Du schaffst das, Annie! Nicht aufgeben. Du bist so nah dran! Vor ein paar Tagen wärst du noch nicht so weit gekommen! Mach einen starken Endspurt!"

Auch wenn ich es nur äußerst ungern zugebe: Es funktionierte. Ihre Worte gaben mir den Anschub, den ich brauchte, um den Parcours zu beenden, in mein Auto zu steigen und niemals wieder ein Bootcamp zu besuchen. Okay, das war nur ein Witz – ich bin auch die letzten beiden Tage wiedergekommen.

Was ich sagen möchte: Worte sind wichtig. Gott möchte, dass du mit deinen Worten andere ermutigst und ihnen Leben einhauchst. Bitte ihn um die Gnade, dies tun zu können, und halte Ausschau nach Gelegenheiten, in denen du mutig sein kannst und Wahrheit und Liebe in eine kaputte Welt hineinsprechen kannst.

. . . .

Sei mutig: Wen kannst du heute ermutigen?
Wer sollte wissen, dass du ihn anfeuerst? Tu es!

Tag 50

Wenn sich Beziehungen verändern

....

Ich schaue hinauf zu den Bergen – woher kann
ich Hilfe erwarten? Meine Hilfe kommt vom
Herrn, der Himmel und Erde gemacht hat!
Psalm 121,1–2

Jede Beziehung verändert sich. Das ist die harte Realität. Und
um damit klarzukommen, muss ich meine Augen zum Himmel
heben und den Herrn um Hilfe bitten. Denn ehrlich gesagt mag
ich Veränderungen nicht besonders.

Ich bin Single, habe aber einige Beziehungen gehabt, die zu
Bruch gingen, und das ist niemals schön. Ob du nun mit jemandem Schluss machst oder jemand mit dir, beides tut weh. Wenn
du diejenige bist, die verlassen wird, glaubst du vielleicht, dem
anderen gehe es gut. Aber wenn du selbst schon mal jemanden
verlassen hast, weißt du, dass das nicht stimmt.

Das Ende einer Beziehung kann grob und traurig sein und
einfach nur wehtun. Man kann jeden Aspekt durchsprechen, bis

man alle Einzelheiten darüber gehört hat, was er oder sie gesagt hat – ob es nun wirklich so passiert ist oder mehr der Fantasie entspringt –, und trotzdem wird der Schmerz noch immer da sein.

Aber weißt du, worüber nicht genug gesprochen wird? Über das Ende von Freundschaften.

Alle Enden romantischer Beziehungen waren für mich nicht mal annähernd so schmerzhaft wie das Ende der Freundschaft mit einer meiner besten Freundinnen. Ich hatte solche Gefühle vorher nicht gekannt. Sie raubten mir den Atem, aber auf eine absolut schreckliche Art.

Nachdem sich der Staub gelegt hatte, wusste ich nicht, mit wem ich reden sollte, wie ich mich fühlen oder wie ich das beschreiben sollte, was soeben passiert war. Was tust du, wenn in dir selbst gerade etwas kaputtgegangen ist?

Du hebst deine Augen hoch zu Gott – deinem Helfer. Deinem Tröster. Deinem Vater. Deinem Freund.

Du bist Jesus nicht egal. Er versteht dich. Er ließ zu, dass die Beziehung zu seinem Vater kaputtging, für dich. Er kann mit dir mitfühlen.

Alle Enden romantischer Beziehungen waren für mich nicht mal annähernd so schmerzhaft wie das Ende der Freundschaft mit einer meiner besten Freundinnen.

Vielleicht hört sich das jetzt klischeehaft an, aber vertraue mir. Ich tue dies auch *heute*. Ich entscheide mich dafür, auf Gott und seine Liebe zu vertrauen und darauf, dass er noch immer alles im Blick hat – auch wenn ich das Gefühl habe, dass sich eine Freundschaft auf eine Art und

Weise verändert, die ich so nicht habe kommen sehen. Ja, so etwas kann wehtun und ein bisschen beängstigend sein, aber vertraue darauf, dass das die beste und mutigste Entscheidung ist.

Wenn sich eine deiner Beziehungen so verändert, dass es dir das Herz bricht, dann versuch nicht, den Schmerz einfach zu verdrängen. Sondern hab den Mut, Jesus auch an die Orte in dir zu lassen, die zerrissen sind.

. . . .

Sei mutig: Gibt es gerade eine Beziehung in deinem Leben, die sich verändert? Schreibe darüber. Bitte Gott, dir zu zeigen, wo er inmitten dieser Veränderung ist.

Hab den Mut, dich Veränderungen zu stellen

Alles ändert sich irgendwann.

Tag 51

Alles ändert sich – außer Gott

. . . .

Alles, was Gott uns gibt, ist gut und
vollkommen. Er, der Vater des Lichts,
ändert sich nicht; niemals wechseln
bei ihm Licht und Finsternis.
Jakobus 1,17

Alles, was du hast, von deiner Gesundheit über deine Freundschaften bis hin zu dem Dach über deinem Kopf und dem Essen
in deinem Bauch, ist ein Geschenk von Gott. Und es gibt sogar
noch etwas, für das wir dankbar sein können: Gott verändert
sich nicht! Das liebe ich so an ihm.

Wir können uns an unserem unveränderlichen Gott festhalten und bei ihm Frieden finden, auch wenn in jedem anderen Bereich unseres Lebens Veränderung so gut wie sicher ist.
Und weißt du was? Mutige Menschen, die sich an Gott festhalten, sind bereit, alles loszulassen, auch wenn sich die Dinge
ändern.

In den letzten drei Monaten hat sich in meinem persönlichen und beruflichen Umfeld so viel verändert wie noch nie zuvor.

Bei meiner Seelsorgerin habe ich all die Personen aufgezählt, die mir persönlich wichtig sind und mir Orientierung gegeben haben, aber leider mein Leben in den letzten drei Monaten verlassen haben. Ich kam auf sieben Personen – sieben.

Mutige Menschen, die sich an Gott festhalten, sind bereit, alles loszulassen, auch wenn sich die Dinge ändern.

Aber weißt du was? Es ist okay.

Hätte ich mich entschieden, Veränderungen immer nur als etwas Hassenswertes zu sehen, würde ich mich jetzt echt schrecklich fühlen. Hätte ich mich entschieden, meine ganze Hoffnung auf Menschen zu setzen, würde ich mich ebenfalls schrecklich fühlen. Ich habe beides schon versucht. Es ist immer schrecklich.

Ich mag Veränderungen nicht, aber ich weiß, dass Gott immer nur mein Bestes im Sinn hat. Also kann ich zwar sagen: „Oh Mann, schlimmer geht's nicht!", darf aber gleichzeitig wissen, dass ich einen absolut vertrauenswürdigen Gott habe, der auf mich achtgibt.

Muss Gott daran erinnert werden, dass er alles unter Kontrolle hat? Nein, das muss er nicht. Aber du. Und auf jeden Fall ich. Wir alle.

Wenn wir uns ins Bewusstsein rufen, dass er der Chef ist und seine Pläne zu unserem Besten dienen und er uns liebt, kann uns das Mut machen, auch wenn sich alles zu verändern scheint, was wir bislang für sicher hielten.

. . . .

Sei mutig: *Zähle ein paar Dinge auf,*
die sich in letzter Zeit in deinem Leben verändert
haben. Kannst du erkennen,
dass Gott dich durch diese Veränderungen
formen will?

Tag 52

Sei bereit für Veränderung

....

Jesus Christus
ist und bleibt derselbe,
gestern, heute und für immer.
Hebräer 13,8

Wenn die Jahreszeiten wechseln, schockiert uns das nicht wirklich. Wenn der Sommer in den Herbst übergeht, ist das für mich keine Überraschung. Warum? Weil ich auf den Kalender blicke und das Wetter wahrnehme und die Werbeanzeigen sehe, die mir sagen, ich solle *Stiefel kaufen*. Ich kann Vorbereitungen treffen. Und ich treffe Vorbereitungen. Wir stellen sicher, dass wir Stiefel und einen Mantel haben, wenn der Winter kommt, nicht wahr? Weil wir auf diese Veränderung vorbereitet sind.

Können wir das auch in Bezug auf unseren Körper, unsere Gefühle und unser geistliches Leben sein?

Gerade habe ich eine Jahreszeit hinter mir, in der sich so ziemlich alles verändert hat. Den ganzen Sommer über war es so, als ob Gott sagen würde: „Es wird sich was verändern ... es wird sich was verändern."

Ich habe das sogar in mein Tagebuch geschrieben. Mehrere Male.

Und als die Zeit voranschritt, dachte ich: *Oh. Du bist wirklich nett zu mir, Gott.* Ich war mental auf Veränderungen eingestellt, weil Gott mich darauf vorbereitet hatte. Als die Veränderungen dann wirklich kamen, fiel ich ihretwegen nicht gleich in ein tiefes Loch.

Aber was hat das nun mit Mut zu tun?

Schau dir den heutigen Vers an. Was auch immer sich verändern mag, Jesus ist immer derselbe. Wir können mutig sein, weil Jesus auch dann derselbe ist, wenn sich unsere Umstände verändern.

Das muss ich mir immer wieder ins Gedächtnis rufen – dass genauso, wie sich die Jahreszeiten auf der Erde verändern, es auch verschiedene Zeiten in meinem Leben gibt. Und wenn ich anfange, eine Veränderung wahrzunehmen wie die ersten Anzeichen des Herbstes oder die ersten heißen Sommertage, die bereits am Ende des Frühlings auftreten, muss ich mich auf sie vorbereiten und sie kommen sehen und wissen, dass sie Teil meiner Reise ist.

> **So wie sich die Jahreszeiten auf der Erde verändern, gibt es auch verschiedene Zeiten in meinem Leben.**

Und wie bereitet man sich auf so etwas vor?

Verbringe Zeit mit dem Wort Gottes. Verbringe Zeit im Gespräch mit ihm – dem Unveränderlichen. Vertraue ihm, halte deine Augen auf ihn gerichtet und geh deinen Weg. Lass die Jahreszeiten sich ändern und mit ihnen dein Herz.

. . . .

Sei mutig: *Schreibe ein Gebet an Gott,*
in dem du ihm dafür dankst,
dass er sich nicht verändert.

Tag 53

Die kleinen Entscheidungen zählen

. . . .

Denn was der Mensch sät,
das wird er auch ernten.
Galater 6,7b

Wenn du eine Veränderung im Leben durchmachst, zählen die kleinen Entscheidungen.

Wenn du ein paarmal pro Woche ins Fitnessstudio gehst, wird dies vielleicht dein Leben nicht sofort verändern, aber es ist trotzdem von Bedeutung. Selbst wenn du nur einmal pro Woche trainierst, fühlt sich das vielleicht nicht gerade wie eine mutige Entscheidung an, aber das ist es. Weil ein kleines Ja ein Schritt in die richtige Richtung sein kann, auch wenn es kein großer Sprung ist.

Besonders wenn man gerade mitten in einem Veränderungsprozess steckt, ist es wichtig, gute kleine Entscheidungen zu treffen, weil gerade diese zählen.

Weißt du, kleine Entscheidungen mögen sich im jeweiligen

Moment nicht sehr mutig anfühlen. Wenn man an mutiges Handeln denkt, denkt man wahrscheinlich eher an riesige Sprünge. Große Gesten. Ja, so etwas ist auf jeden Fall mutig, aber mutig ist es auch, ganz bewusst kleine, gesunde Entscheidungen zu treffen. Denn eigentlich ist es gegen unsere menschliche Natur, uns um Dinge zu bemühen, die scheinbar unbedeutend sind.

Sich einfach rauszuhalten, gleichgültig zu sein und zu sagen: „Na ja, ist doch nicht so wichtig …" – das ist feige. Mutig hingegen ist es, kleine Entscheidungen im Hinblick auf das große Ganze zu treffen.

Denn kleine Jas führen zu großen Jas.

Kleine Entscheidungen sind wichtig. Das merkt man, wenn man die

Ein kleines Ja kann ein Schritt in die richtige Richtung sein, auch wenn es kein großer Sprung ist.

Sache aus einem anderen Blickwinkel heraus betrachtet: Kleine Neins auf deinem Weg werden es dir ebenfalls ermöglichen, Großes zu tun. Durch die kleinen Neins, die dir etwas Raum im Leben verschaffen, kannst du wiederum in anderen Dingen wachsen.

Es ist wie in einem Garten. Du kannst nicht zu jedem Samen Ja sagen. Du kannst nur bestimmte Dinge anbauen, denn wenn du jeden vorhandenen Samen aufgehen lassen würdest, hätten die anderen Pflanzen keinen Raum mehr zum Wachsen.

Wenn du dir dein Leben anschaust, welche Teile davon würden Gott Ehre bringen, wenn sie mehr Raum hätten? Was erfüllt dich? Was ist gesund für dein Herz? Stell Gott diese Fragen. Und behalte bei deiner persönlichen Entwicklung das Gesamtbild deines Lebens im Blick – also denke daran, auch kleine Entscheidungen nicht auf die leichte Schulter zu nehmen.

....

Sei mutig: *Triff heute eine kleine Entscheidung –*
entscheide dich zum Beispiel für ein Gespräch,
ein Essen mit jemandem oder eine E-Mail.
Tu eine mutige Sache und dann sieh,
wie sich dadurch dein Tag verändert.

Tag 54

Sag Ja

....

Wer aber Gott gehorcht,
fühlt sich sicher wie ein Löwe.
Sprüche 28,1b

Wenn man zu einer Sache Ja sagt, dann verändert das alles. Du gehst durch eine Tür und nimmst den Moment an. Manchmal ist genau das nötig, damit man das nächste große Ja gezeigt bekommt. Ich sagte Ja zu dem Praktikum an der Universität von Georgia. Ich sagte Ja zu einem Umzug zurück nach Marietta. Ich sagte Ja zu Nashville. Ich sagte Ja zu Schottland. Und nachdem ich aus Schottland zurückgekehrt war, sagte ich Ja zur Uni-Seelsorge in Nashville, womit sich ein Kreis in meinem Leben schloss.

Wir müssen Ja sagen. Auch wenn es um ungemütliche oder teure oder ungewisse Dinge geht. Wir vermasseln es in der Regel nicht, indem wir zu den falschen Dingen Ja sagen; wir vermasseln es, wenn wir alle Motivwagen in der Parade an uns vorbeifahren lassen und niemals auf einen aufspringen, um bis ans Ende mitzufahren.

Nach Indien ziehen, um als alleinstehende Frau ein Waisenhaus zu gründen. Deine Solokarriere als Musiker aufgeben und dich einer Band anschließen, deren Erfolg ungewiss ist. Das vertraute Leben als Single aufgeben, um zu heiraten.

Bestimmt hast du schon einmal den Satz gehört: „Wenn man zu einer Sache Ja sagt, sagt man gleichzeitig Nein zu allen anderen." Ich glaube, das ist wahr. Wenn ich Ja zu einem Sushiessen mit meinen Teamkollegen vom Vanderbilt-Baseballteam sage, sage ich gleichzeitig Nein zum Essen beim Mexikaner mit meinen Freunden. Wenn ich Ja zu einer Stadt, einer Verabredung oder einem Freund in Not sage, sage ich gleichzeitig Nein zu allen anderen Möglichkeiten.

Sag Ja zu den Situationen, die dich herausfordern und ängstigen und von dir verlangen, ein besserer Mensch zu sein, als du es für möglich hältst.

Vielleicht machen einige dieser Jas dir Angst. Aber wenn du zu Gott kommst und ihn um Führung bittest, wird er dich hören und dir den richtigen Weg zeigen. Wenn du in Gehorsam ihm gegenüber lebst und er dir in deinem Leben Chancen eröffnet, kannst du darauf vertrauen, dass er dich nicht im Stich lässt, wenn du Ja sagst.

Sag Ja zum Fitnessstudio. Sag Ja zu der offenen Tür. Sag Ja zu den Situationen, die dich herausfordern und ängstigen und von dir verlangen, ein besserer Mensch zu sein, als du es für möglich hältst. Sag Ja zu den Momenten, die nur einmal kommen

werden. Sag Ja zum Dienen. Sag Ja zu Jesus, in jeder Hinsicht –
und bei jeder Chance, die du bekommst.

. . . .

*Sei mutig: Sag heute Ja zu einer kleinen Sache –
der Bitte einer Freundin, einem Anstupser des
Herrn, einer Einladung zu einer Veranstaltung
oder einer gesunden Entscheidung für dich selbst.*

Tag 55

Sag Nein

. . . .

Aber auch wenn er es nicht tut [uns retten],
musst du wissen, o König, dass wir nie deine
Götter anbeten oder uns vor der goldenen
Statue niederwerfen werden.
Daniel 3,18

Vielleicht hast du mich schon einmal über die Geschichte von Schadrach, Meschach und Abed-Nego in Daniel 3 sprechen hören. Diese Geschichte finde ich sehr bewegend. Diese drei jungen israelitischen Männer waren als Jugendliche als Sklaven gefangen genommen und zusammen mit Daniel nach Babylon verschleppt worden.

In Daniel 1 lesen wir, dass sie zehn Tage lang Nein zu Fleisch und reichhaltigem Essen sagten und am Ende für ihre Stärke gelobt wurden, die besonders deshalb so bemerkenswert war, weil sie ja viel weniger gegessen hatten als die anderen Soldaten in Ausbildung.

Jahre später waren diese jungen Männer mit der Verwaltung Babylons betraut und Daniel diente am königlichen Hof. Dann ließ König Nebukadnezar eine gewaltige Goldstatue bauen – 30 Meter hoch und drei Meter breit – und befahl, dass sich jeder in der Stadt vor der Statue verneigen und sie anbeten musste, sobald eine bestimmte Mu-

Ein paar mutige Neins zählen genauso wie ein paar schöne mutige Jas.

sik ertönte. Jeder, der dies nicht tat, sollte in einen Feuerofen geworfen werden.

Unsere Jungs beteten den einzig wahren Gott an und hatten keinerlei Interesse daran, sich vor irgendjemandem sonst zu verneigen. Sie sagten Nein, als der Rest des Volkes Ja sagte.

Kannst du dir diesen Mut vorstellen? Sie blieben stehen, als alle anderen sich verneigten. Sie wussten genau, wer sie waren und welche Stellung sie hatten, sie wussten, welche Folgen ihr Handeln haben würde, und doch entschieden sie sich, sich ihrem Vorgesetzten (nämlich *dem König*) zu widersetzen, obwohl dies ihr Leben in Gefahr brachte.

Schau dir den heutigen Vers an: „Aber auch wenn er es nicht tut …". Auch wenn Gott uns nicht vor dem hier retten wird, werden wir trotzdem Nein sagen.

Ich hoffe, dass auch ich immer genug Mut haben werde, um sagen zu können: „Ich weiß, was Gott tun *kann*, aber auch wenn er es nicht tut, werde ich trotzdem keine Götzenbilder anbeten. Ich werde trotzdem nur den einzig wahren Gott anbeten."

Ich weiß, dass Gott meine Freundin gesund machen kann, aber auch wenn er es nicht tut …

Ich weiß, dass Gott Beziehungen heilen kann, aber auch wenn er es nicht tut …

Ich weiß, dass Gott mir einen Ehepartner schenken kann, aber auch wenn er es nicht tut …

Ich weiß, dass Gott dafür sorgen kann, dass ich genug Geld habe, aber auch wenn er es nicht tut …

Ja – *auch wenn er es nicht tut.*

Das sagten diese drei, obwohl sie wussten, dass sie mit ihrem Verhalten ihr Leben aufs Spiel setzten, und sie blickten nicht zurück.

Sie waren mutig. Sie sagten Nein. Und selbst dann, als die Stimmen der Angst in ihrem Kopf zu flüstern begannen, hörten sie nicht hin. Sie standen fest zu ihrem Nein und glaubten daran, dass Gott noch immer Gott ist.

Ein paar mutige Neins zählen genauso wie ein paar schöne mutige Jas.

Ich weiß nicht genau, ob dir das immer gelingt – die richtigen Jas und die richtigen Neins zu sagen. Mir jedenfalls gelingt es nicht immer. Aber Mut bedeutet nicht, immer das Richtige zu tun; Mut bedeutet, einen Schritt nach vorne zu gehen und etwas zu versuchen.

Sei mutig und sag Ja. Aber sei auch mutig und sag Nein. Spring auf den nächsten Motivwagen auf. Geh in den Feuerofen. Steh auf. Setz dich hin. Nimm diesen Flug. Sprich das aus, was der Mut von dir fordert, auch wenn es das Wort *Nein* ist.

. . . .

Sei mutig: *Zu welcher Sache kannst du heute Nein sagen, die Raum für bessere Jas in der Zukunft schafft?*

Tag 56

Wartezeiten

....

Vertraue auf den Herrn! Sei mutig und stark,
vertraue auf den Herrn!
Psalm 27,14

Ich wollte einen Tag früher als geplant von Dallas nach Nashville zurückfliegen. Ich war das Unterwegssein satt, und als ich
in Dallas war, gab es eine plötzliche Planänderung, die zur Folge hatte, dass ich vierundzwanzig Stunden früher nach Hause
konnte als gedacht.

Als mir klar wurde, dass ich nach Hause konnte, griff ich sofort zum Telefon und rief bei der Fluggesellschaft an. Und nachdem ich die ganzen automatisierten Fragen beantwortet hatte,
hing ich in der Warteschleife fest. Für eine lange Zeit. Aber ich
wollte so sehr nach Hause, dass ich nicht auflegte, obwohl ich
ernsthaft darüber nachdachte.

Ja, immer diese Ungewissheit beim Warten ... In solchen Momenten weiß ich nie, wann ich auflegen sollte. Ich könnte der

nächste Anrufer sein, der drankommt, oder aber es könnte auch noch eine halbe Stunde dauern. Und dann frage ich mich: *Wenn ich hier sitze und warte, werde ich gleich drankommen? Oder wenn ich doch lieber auflege und es dann erneut versuche, werde ich dann vielleicht irgendwie die anderen Kunden in der Warteschleife überspringen und sofort mit einem Kundendienstmitarbeiter sprechen können?*

Hab den Mut, geduldig zu sein – nicht nur äußerlich, sondern auch innerlich.

Mir war in dem Moment fast zum Heulen zumute, denn momentan habe ich das Gefühl, dass ich *überall* warten muss. Am Telefon und in meinem Leben könnte ich die Nächste sein, die drankommt, oder vielleicht auch nicht.

Machst du auch gerade eine Wartezeit durch? Was machst du, wenn du Ja oder Nein zu etwas gesagt hast, aber immer noch warten musst? Was machst du dann?

Das Leben ist voller Wartezeiten, aber du kannst das Warten tapfer ertragen und das Beste daraus machen. Hab den Mut, geduldig zu sein – nicht nur äußerlich, sondern auch innerlich.

Jesus hat uns dies mit seinem eigenen Leben gezeigt, und er zeigt es uns auch mit dem heutigen Bibelvers. Er ist barmherzig, gnädig und geduldig.

Uns daran zu erinnern, wie viel Geduld der Herr mit uns hat, kann uns helfen, auch in unseren Wartzeiten Geduld zu haben. Wenn wir darauf warten, dass sich unsere Arbeit auszahlt. Wenn wir darauf warten, dass eine Beziehung wieder heil wird. Oder wenn wir darauf warten, dass eine Zeit der Prüfung in unserem Leben endlich vorübergeht.

Egal, in was für einer Art von Wartezeit du dich gerade befindest: Du kannst mutig sein, wenn du dich dabei voll und ganz auf deinen immer geduldigen, allgegenwärtigen Vater verlässt.

. . . .

Sei mutig: Auf was wartest du momentan in deinem Leben? Schreibe etwas darüber, entweder direkt hierhin oder in dein Tagebuch.

Tag 57

Gib nicht auf

....

Diese schweren Zeiten sind Peanuts
im Vergleich zu den kommenden guten
Zeiten, dem rauschenden Fest, das für uns
veranstaltet wird. Es gibt weitaus mehr als
das, was wir jetzt sehen können. Was wir jetzt
sehen, ist morgen schon Vergangenheit.
Aber die Dinge, dir wir jetzt noch nicht
sehen können, werden ewig
Bestand haben.
2. Korinther 4,17–18 (aus The Message)

Es gibt ein Lied von Amy Stroup mit dem Titel „Hold Onto
Hope Love" (zu Deutsch: „Halte dich an der Hoffnung fest, Liebe"). Es hat mich durch mehr Nächte begleitet, als ich zählen
kann, in denen ich weinend vor Gott lag wegen der rauen Stellen
an meinen Händen – wegen jener Stellen, die entstanden sind,
weil ich mich an den Klippen der Hoffnung festgeklammert

hatte, obwohl es einfacher gewesen wäre, loszulassen und in die Hoffnungslosigkeit zu stürzen.

Soll ich dir die Wahrheit sagen? Loszulassen wäre zwar einfacher gewesen. Aber mutig gewesen wäre es nicht. Das wäre nicht die Geschichte gewesen, die Gott mit meinem Leben schreiben möchte. Und auch mit deinem Leben will Gott eine andere Geschichte schreiben. Also gib bitte nicht auf.

Gib nicht auf, nur weil die Situation wehtut oder schwierig ist. Gib nicht auf, nur weil du das Gefühl hast, es wäre lächerlich weiterzumachen. Das ist es nicht. Gib nicht auf.

Meine Freundin zum Beispiel träumt davon, ein Kind zu adoptieren, aber mehrere Babys, die sie kurzzeitig in ihre Familie aufnahm, kamen doch wieder zurück zu ihrer leiblichen Mutter. Aber sie gibt nicht auf. Dann gibt es Christy, die es so leid ist, jeden Tag Kilometer um Kilometer zu laufen, aber sie will unbedingt an einem Marathon teilnehmen, also macht sie weiter. Sie gibt nicht auf. Und da sind Mike und seine Frau, die ein Freizeitcamp für Schüler leiten. Die Gebäude sind heruntergekommen, die Mitarbeiter wechseln häufig und der Pool riecht immer etwas modrig. Ihre Arbeit ist wirklich nicht leicht. Aber sie sehen, wie Jesus im Sommer Woche für Woche den Schülern begegnet, also geben sie nicht auf.

Ich hasse es, wenn Leute sagen: „Gott lädt uns nie mehr auf, als wir tragen können." Weil ich einfach nicht glaube, dass das stimmt, und weil es so auch nicht in der Bibel steht. Was die

Gib dein Leben nicht auf. Gib Gott nicht auf. Gib dich selbst nicht auf.

Bibel sagt, ist, dass wir keiner Versuchung ausgesetzt werden, die wir nicht ertragen könnten (lies nach in 1. Korinther 10,13). Du und ich müssen nur den Mut haben, nicht aufzugeben, auch wenn wir das Gefühl haben, dass dieser Kampf uns mehr abverlangt, als wir leisten können.

Aber wie lange sollen wir durchhalten? Ich glaube, die Antwort lautet, dass wir so lange nicht aufgeben sollten, bis uns der Herr ganz deutlich macht, dass es an der Zeit ist loszulassen. Frag Gott. Frag Leute, denen du vertraust. Frag dein eigenes Herz. Und während du zuhörst, halte durch und gibt erst dann auf, wenn dir Gott und andere Menschen sehr deutlich machen, dass du jetzt loslassen solltest.

Gib dein Leben nicht auf. Gib Gott nicht auf. Gib dich selbst nicht auf. Halte dich an der Hoffnung fest.

. . . .

Sei mutig: Erzähle jemandem, dem du vertraust, von einer Sache, bei der du nicht aufgeben willst. Lass dich von jemandem ermutigen. Und hör dir vielleicht auch mal Amy Stroups Lied an. Vielleicht gefällt es dir ja genauso wie mir.

Tag 58

Lass los

....

Hängt nicht wehmütig diesen Wundern nach!
Bleibt nicht bei der Vergangenheit stehen! Schaut
nach vorne, denn ich will etwas Neues tun!
Jesaja 43,18–19a

Etwas loszulassen ist mir schon immer schwergefallen. Und doch habe ich immer wieder gesehen, dass Loslassen ein kraftvoller Impulsgeber ist, durch den Gott mich zu meinem nächsten Schritt führt.

Ich konnte erst nach Nashville greifen, als ich Marietta losließ.

Ich konnte erst nach Schottland greifen, als ich Nashville losließ.

Es ist sehr viel leichter, etwas loszulassen, wenn man weiß, nach was man greift. Die Klettergerüstoption, so nenne ich das gern. Wenn du bereit bist, die eine Sprosse des Klettergerüsts loszulassen, weil du die nächste siehst, nach der du greifen willst. Um ehrlich zu sein: Ich habe keine Kraft in den Armen, deshalb machen mir Klettergerüste null Spaß. Aber ich weiß, wie sie funktionieren.

Doch loszulassen, obwohl da nichts ist, nach dem du greifen könntest, erfordert eine große Portion Mut. Diese Art von Loslassen ist die schwerste. Dafür musst du vor Mut nur so übersprudeln. Du musst innerlich aus Stahl sein. Und du musst all die Momente, in denen dir Gott bislang ganz nah gewesen ist, in der Bibel und in deinem Leben, wie einen Film vor deinem inneren Auge ablaufen lassen und dir so seine Treue in Erinnerung rufen.

Ich habe immer wieder gesehen, dass Loslassen ein kraftvoller Impulsgeber ist, durch den Gott mich zu meinem nächsten Schritt führt.

Manchmal muss man auch Sachen loslassen, die nicht gut für einen sind – Abhängigkeiten, von Gewalt und Missbrauch geprägte Beziehungen, sündige Gewohnheiten. Auch das erfordert Mut. Es ist egal, ob etwas gut oder schlecht für dich ist – wenn es nicht das *Beste* für dich ist, musst du es loslassen.

Das kann eine Beziehung oder ein Job oder eine Stadt oder Geld oder eine alte Verletzung sein. Wenn es Zeit ist loszulassen, weißt du es. Deine Finger sehnen sich danach, den Griff zu lockern, aber dein Herz bettelt sie an, weiter daran festzuhalten – nicht weil es das Beste für dich wäre, sondern weil dir das Unbekannte Angst macht. Nur wenn du loslässt, hast du die Hände frei, um nach der nächsten Sache zu greifen.

Bitte lass los. Bitte hab den Mut, auch dann loszulassen, wenn du die nächsten Sprosse im Klettergerüst nicht sehen kannst. Du kannst Gott auch dann vertrauen, wenn du die Zukunft nicht sehen kannst – denn er kann es!

Ich weiß nicht, was Loslassen in deinem Fall konkret bedeutet, daher kann ich hier nicht genau die treffenden Worte für dich schreiben. Aber ich weiß, dass mutige Opfer das Risiko immer wert sind. Also, lass los!

....

Sei mutig: Bob Goff sagt, man solle jeden Donnerstag mit irgendwas aufhören. Womit kannst du diese Woche aufhören?

Tag 59

Wenn Veränderungen wehtun

. . . .

Das eine aber wissen wir: Wer Gott liebt, dem
dient alles, was geschieht, zum Guten. Dies gilt
für alle, die Gott nach seinem Plan und Willen
zum neuen Leben erwählt hat.

Römer 8,28

Ich habe schon viele Veränderungen in meinem Leben durch-
gemacht. Geografische Veränderungen. Berufliche Veränderungen. Veränderungen von Beziehungen. Und ich bin nicht gerade
der größte Fan von Veränderungen. Ich kann mir wirklich Schö-
neres vorstellen, wie du dir mittlerweile vielleicht schon denken
kannst.

Aber trotzdem gibt es sie immer wieder – Veränderungen.
Immer dann wenn ich glaube, im Leben läuft gerade alles glatt,
ändert sich wieder irgendwas.

Auch wenn du bislang noch nichts aus meinem Buch mitgenommen haben solltest, diese eine Sache solltest du dir merken

und immer wieder bewusst machen: Für mutige Menschen sind Veränderungen okay, weil sie wissen, dass Veränderungen zu unserem Besten sein können.

Das heißt nicht, dass man Veränderungen lieben oder sie anstreben oder wollen muss. Das heißt nicht, dass man gleich eine Party schmeißen muss, wenn etwas, was supertoll lief, eine unerwartete Wendung nimmt. Es heißt, dass mutige Menschen ganz ruhig und hoffnungsvoll durch Veränderungen gehen können, weil sie glauben, dass Gottes Versprechen wahr sind und alle Dinge schließlich zu etwas Gutem führen werden.

Manche Veränderungen sind willkommen. Sie werden gefeiert. Sie machen Spaß. Beförderungen! Schwangerschaften! Buchverträge! Verlobungen! Ein neues Haus! Auch wenn sogar die guten Veränderungen im Leben schwierig oder stressig sein können.

....

Für mutige Menschen sind Veränderungen okay, weil sie wissen, dass Veränderungen zu unserem Besten sein können.

....

Aber es gibt auch diese anderen Veränderungen. Die schlechten. Die, bei denen es keinen Silberstreifen am Horizont gibt.

Veränderungen können oft wehtun und schmerzvoll sein. Sie können dich sogar am Boden zerstören.

Vielleicht hast du gerade deinen Job verloren und du bereitest dich gerade auf das Gespräch vor, dass du heute Abend mit deinem Ehepartner führen wirst. Vielleicht hast du gerade die Ergebnisse deiner MRT-Untersuchung erhalten und nichts wird mehr so sein wie bisher.

Aber denk immer daran – die Freude eines mutigen Menschen hängt nicht von äußeren Umständen ab. Gott hat alles in der Hand, was auch immer es ist. Deine Familie. Dein Berufsleben. Deine Beziehungen. Er kennt deinen Schmerz. Ihm ist dein Schmerz nicht egal. Und er will, dass du mutig lebst, weil du Kraft schöpfst aus dem Wissen, dass er die Dinge zu deinem Besten lenken wird und er letztendlich alles unter Kontrolle hat.

. . . .

Sei mutig: Weißt du, was ich hoffe,
nachdem wir nun ein paar Tage lang über
Veränderungen gesprochen haben?
Ich hoffe, dass Veränderungen zu etwas werden,
mit dem du planst, für das du Raum
in deinem Leben schaffst und mit dem du
mutig umgehst.

Hab den Mut
durchzuhalten

Manchmal tut alles weh.
Auch wenn du mutig bist.

Tag 60

Das Leben ist hart

. . . .

Dies alles habe ich euch gesagt, damit ihr
durch mich Frieden habt. In der Welt werdet
ihr hart bedrängt, aber lasst euch nicht
entmutigen: Ich habe diese Welt besiegt.
Johannes 16,33

Du hast es wahrscheinlich schon selbst gemerkt, oder? Das Leben ist hart.

Ich weiß nicht, was ich eigentlich erwartet habe, aber vermutlich dachte ich, es wäre einfacher. Vielleicht bin ich auch die langsamste Lernerin auf dieser Welt, aber ich bin immer noch jedes Mal überrascht, wenn sich in meinem Leben eine Tragödie ereignet oder eine Situation eine Wendung nimmt, die ich so nicht geplant habe.

Vor ein paar Wochen landete ich in Texas und schaltete mein Handy wieder ein. Wenn ich fliege, benutze ich mein Handy natürlich nicht, aber sobald das Fahrgestell den Boden berührt, nehme ich es wieder zur Hand. Ich bin immer sehr gespannt, welche Textnachrichten ich wohl erhalten habe, während ich in der Luft war; gewöhnlich sind es zwei oder drei, oder wenn ich Glück habe, sogar fünf.

An diesem Tag – *neunundsiebzig*. Zwischen Nashville und Dallas war etwas passiert. Der Bildschirm meines Handys explodierte schier vor Textnachrichten. Ich kam mit dem Lesen kaum hinterher, so schnell tauchten sie auf meinem Display auf. Aber ein Wort stach mir ins Auge:

TOT

Jemand war tot. Ich konnte nicht sagen, wer; die Botschaften tauchten zu schnell hintereinander auf. Aber ein Gefühl von Panik machte sich in meiner Brust breit, denn ich wusste, dass mit mir zusammen eine Tragödie in Texas gelandet war.

Die nächsten Stunden waren voller Trauer und Weinen, Umsteigen und Umbuchen von Flügen – und voller Momente, in denen ich nicht wusste, was ich tun sollte.

....

Ja, du kannst traurig sein.
Du kannst wütend sein.
Du kannst verwirrt sein.
Aber du musst niemals
verzweifeln.

....

So sind Tragödien im Leben nun mal – sie lauern dir auf und bringen deine Welt aus den Fugen und es folgen Wochen, Monate und Jahre voller Fragen, Schmerz und Trauer.

Solche Gefühle habe ich beim Verlust eines geliebten Menschen. Dazu muss er nicht immer wirklich gestorben sein; es reicht, wenn er aus meinem Leben verschwindet. Zum Beispiel, als mein Pastor vor der Gemeinde stand und sagte, er würde uns verlassen. Oder als ich die

Textnachricht meines damaligen Freundes erhielt, dass unsere Beziehung beendet sei. (*Per Textnachricht?* Ich weiß, schlimmer geht's nicht …)

Das Leben ist nicht immer einfach. Mittlerweile denke ich sogar, dass es *ganz oft* nicht einfach ist. Mein Freund Mike Forster, der Gründer der gemeinnützigen Organisation *People of the Second Chance* (zu Deutsch: „Menschen der zweiten Chance"), hat es auf Twitter folgendermaßen ausgedrückt:

„Das Leben ist chaotisch, hart und verrückt. Wir sollten nicht länger so tun, als würde uns dies überraschen."

Stimmt doch, oder? So einfach und doch brillant ausgedrückt. Und es ist so wichtig, dass wir das nicht vergessen. Am liebsten würde ich mir diese Aussage deshalb auf den Unterarm tätowieren.

Gott weiß, dass das Leben schmerzhaft ist.

Ja, du kannst traurig sein. Du kannst wütend sein. Du kannst verwirrt sein. Aber du musst niemals verzweifeln. Auch wenn das Leben tragisch ist und alles dunkel zu sein scheint, verzweifle nicht. Du bist mutiger, als du denkst.

....

Sei mutig: Ich weiß nicht, mit welchen Verletzungen oder Tragödien du momentan klarkommen musst, aber ich weiß, dass das Leben, wie Mike gesagt hat, chaotisch, hart und verrückt ist. Lass diese Gefühle heute bewusst zu.

Tag 61

Versagen ist unvermeidbar

....

Seht doch, wie sehr uns
der Vater geliebt hat! Seine Liebe ist so groß,
dass er uns seine Kinder nennt –
und wir sind es wirklich!
1. Johannes 3,1

Wenn du mich lustig findest, 1. vielen Dank und 2. danke meinem Vater. Mein Vater hat sehr viele positive Seiten und unter anderem ist er sehr, sehr lustig. Wir telefonieren oft und erzählen uns gegenseitig Witze. Wenn ich zum Beispiel beim Abendessen meinen Freunden eine Geschichte erzähle und sie darüber lachen, werde ich ziemlich sicher am nächsten Tag meinen Vater anrufen und ihm ebenfalls die Geschichte erzählen – inklusive einer Beschreibung der Reaktionen der anderen, die mit mir am Tisch saßen.

Wenn wir Zeit miteinander verbringen, fragt mich mein Vater oft: „Wer hat dich lieb?" – und dann, bevor ich überhaupt zum Antworten komme, sagt er: „Dada. Dada." (So nannte ich ihn, als ich noch ein kleines Mädchen war.)

Keiner von uns hat ihn in den letzten zwanzig Jahren „Dada" genannt, aber es funktioniert noch immer.

Warum mag ich das so sehr?

Ich finde es einfach total schön, wenn man von anderen Menschen daran erinnert wird, dass man geliebt wird. Diese Wahrheit begleitet mich durch den Tag, ob es nun ein guter Tag für mich ist oder nicht.

> *Versagen macht dich noch nicht zu einem Versager. Etwas Neues auszuprobieren macht dich mutig.*

Sie gibt mir Mut.

Wenn du weißt, wer dich liebt, kennst du auch deine Zufluchtsorte. Du weißt, wo du zur Ruhe kommen kannst. Du weißt, wo du hingehen kannst, wenn du versagst. Und es tut mir leid, wenn ich die Erste bin, die dir das jetzt sagt, aber – mutig oder nicht – du *wirst* versagen!

Versagen macht dich noch nicht zu einem Versager. Etwas Neues auszuprobieren macht dich mutig.

Falsch läuft es allerdings, wenn man sich durch sein Versagen definieren lässt.

Mutige Menschen lassen sich nicht durch ihr Versagen definieren; sie lernen etwas aus ihrem Versagen.

Weil sie von ihrem himmlischen Vater geliebt werden, wissen mutige Menschen, dass ihr Versagen nichts zwischen ihnen und ihrem Vater ändern wird. Absolut nichts.

Mutige Menschen haben Mut, weil sie wissen, dass Gott sie liebt, was auch geschehen mag.

....

Sei mutig: *In meinem Badezimmer habe ich einen abwischbaren Stift, mit dem ich etwas auf meinen Spiegel schreiben kann. Besorg dir auch einen und schreibe auf deinen Spiegel: „Ich bin zutiefst geliebt von Gott." Lass diesen Satz eine Woche lang da stehen und schau, wie er dein Herz beeinflusst.*

Tag 62

Hab keine Angst

....

„Ja, ich sage es noch einmal:
Sie mutig und entschlossen! Lass dich nicht
einschüchtern und hab keine Angst!
Denn ich, der Herr, dein Gott, stehe dir bei,
wohin du auch gehst.“
Josua 1,9

Bitte lass die Angst nicht gewinnen.

Mut sieht bei jedem Menschen anders aus, weil Gottes Ruf für jeden Menschen einzigartig ist.

Was ist die große Frage, die dein Herz umtreibt und auf die du keine Antwort findest? Ist es eine Frage, die du aus Angst nicht beantworten möchtest? Vielleicht weil es um etwas Großes geht, wie einen Umzug, einen Jobwechsel oder eine Beziehung?

Soll ich meine Sachen packen und umziehen?

Soll ich noch mal neue berufliche Wege einschlagen, obwohl ich schon weit über fünfzig bin?

Soll ich eine romantische Beziehung mit einer Person einge-
hen, die zehn Jahre lang einfach ein „guter Freund" für mich
gewesen ist?

Wenn du diese Frage einfach nur deshalb nicht mit Ja beant-
worten kannst, weil du Angst hast, dann solltest du mit dem
Herrn sprechen und ihn um Mut bitten. Beobachte, zu welchen
Entscheidungen er dich führt, und triff die Antwort auf deine
Frage dann auf dieser Grundlage.

> **Bitte lass die Angst nicht gewinnen.**

Als Connor beschloss, trotz eines
Angebots aus der Topliga in seinem
letzten Studienjahr weiterhin Base-
ball an der Vanderbilt-Universität zu
spielen, wusste er noch nicht, dass
dieses Jahr in Nashville sein bestes auf dem Spielfeld und abseits
davon werden würde und er nach dieser Spielzeit ein noch at-
traktiveres Angebot bekommen würde.

Als Ashley beschloss, für ein Praktikum im *International
House of Prayer* (zu Deutsch: „Internationales Haus des Gebe-
tes") nach Kansas City zu ziehen, wusste sie noch nicht, dass der
Mann, der ihr Ehemann werden würde, das Gleiche getan hatte.

Als ich zum ersten Mal nach Schottland reiste, wusste ich
noch nicht, dass mein Leben nun für immer mit diesem Land
und den Menschen dort verbunden sein würde.

Wir können nicht in die Zukunft sehen, daher müssen wir
mutig Schritte nach vorn gehen und Nein zur Angst sagen.

Gott möchte, dass du „mutig und entschlossen" bist. Warum?
Weil er alles in Händen hält! Dein Leben. Deinen Plan. Deine
Zukunft.

Gott ist all das nicht egal und er ist bei dir. Er ist bei mir. Er ist bei *uns*.

. . . .

Sei mutig: *Wo erlaubst du deiner Angst,*
dich zurückzuhalten?

Tag 63

Stell dich deinem Schmerz

. . . .

Auch wenn es durch dunkle Täler geht,
fürchte ich kein Unglück, denn du,
Herr, bist bei mir. Dein Hirtenstab
gibt mir Schutz und Trost.
Psalm 23,4

Es ist jetzt schon einige Jahre her, aber damals rang ich wirklich damit, wie ich mit all den Lügen in meinem Kopf umgehen sollte – Lügen darüber, wie Gott mich gemacht hat, wer ich bin und wie ich aussehe. Ich habe viel darüber nachgedacht. Solche Fragen waren mir schon immer sehr wichtig.

Aber das heißt nicht, dass das heute kein Thema mehr für mich wäre. In der Enneagramm-Typenlehre bin ich Typ Sieben. In dieser Gruppe sind die Menschen, die vor ihrem Schmerz davonlaufen wollen. Das ist meine natürliche Neigung. Wenn ich vor der Entscheidung stehe: „Kampf oder Flucht", würde ich immer lieber die Beine in die Hand nehmen und abhauen.

Auch heute tauchen die Lügen immer mal wieder auf. Manchmal sind sie ein Flüstern, wenn ich eine Bühne betrete, manchmal sind sie ein kleiner Stich, wenn ich ein Foto von mir sehe, und andere Male schreien sie mich an. Sie schreien auf eine Art und Weise, die ich nicht beschreiben kann – sie sind hartnäckig und vulgär und brutal unfreundlich.

Wenn die Lügen in meinem Kopf so laut werden – jene, die sagen, ich sei furchtbar hässlich, verdorben, nicht mehr zu retten, enttäuschend und so weiter –, dann, so habe ich gelernt, muss ich vor allem anderen die Wahrheit einladen. Also stehe ich da (oder sitze oder liege) und sage mir selbst, was wahr ist.

Ich bin von Gott gewollt.

Gott liebt mich bedingungslos.

Gott macht nichts Hässliches.

Ich sage Bibelverse auf, die ich mir gut eingeprägt habe und die mir sagen, wer ich bin, nämlich, dass ich perfekt geschaffen wurde und Gott mich unendlich wertschätzt.

Und das tue ich wieder und wieder und wieder.

Diese Woche habe ich über das Thema mit meiner Seelsorgerin gesprochen und habe ihr von den Lügen erzählt – von jenen, die mich vor Kurzem angeschrien hatten. Ich sagte ihr, wo ich sie gehört hatte, wer da gewesen war und was ich anhatte und sicher mehr Details,

Es ist einfach besser, wenn noch jemand außer dir davon weiß.

als sie eigentlich hören wollte. Es ist einfach besser, wenn noch jemand außer dir davon weiß.

Es ist deshalb besser, weil man sich einer Sache stellt, wenn man sie laut ausspricht. Und das ist mutig. Du bist mutig, wenn du jemandem von deinem Schmerz erzählst – seien es nun die Lügen, die der Feind dir einflüstert, oder eine schlimme Situation, die du gerade durchmachst.

Wenn du dich dem Schmerz stellst – ihn anblickst und beim Namen nennst –, kann der Heilungsprozess beginnen. Du bist eher dafür, deinen Schmerz zu unterdrücken, zu ignorieren? Das ist nicht mutig. Das ist nicht gesund. Und wenn du ihn versteckst, kann er nicht heilen.

Stell dich deinem Schmerz. Bring ihn vor Gott. Sprich mit deiner Seelsorgerin darüber. Sprich mit einem anderen Menschen darüber, damit du Heilung findest.

. . . .

Sei mutig: *Gibt es Schmerz in deinem Leben?*
Lauf nicht länger vor ihm davon.

Tag 64

Teile deinen Schmerz mit jemandem

....

Du kannst deine Sünden nicht schönfärben
und damit durchkommen. Gnade findest du,
wenn du sie zugibst und hinter dir lässt.
Sprüche 28,13 (aus The Message)

Ich weiß noch, wie ich die achte Klasse besuchte und einen An-
ruf von meiner Freundin Brittany erhielt. „Annie", sagte sie, „ich
denke, ich habe einen Weg gefunden, wie wir zwei vor der Tanz-
veranstaltung im Mai abnehmen können." Ich war ganz Ohr.
„Wir nehmen einfach diese Pillen, von denen man Durchfall bekommt." Und so tat ich das etwa eine Woche lang. Glaub mir,
es war grauenhaft. Nahm ich davon ab? Kaum. Ich fühlte mich
furchtbar, mein Haar verlor seinen Glanz und mein Magen war
sehr verstimmt.

Ich kenne so viele Leute, die mit einer Essstörung zu kämpfen
hatten oder haben. Das ist wirklich ein schmerzlicher Kreislauf.
Und Menschen, die damit zu kämpfen haben, schämen sich so

sehr dafür, dass sie nicht darüber reden. Sie leiden still und verstecken ihren Schmerz.

Genauso werden auch Menschen, die in irgendwelche verborgenen Sünden verstrickt sind, defensiv, ausweichend und traurig. Es ist wie mit einer Wunde oder Verletzung – wenn man sie versteckt, eitert sie. Aber wenn man damit zum Arzt geht, ist das der erste Schritt zur Besserung.

Bitte hab keine Geheimnisse.

Rede mit jemandem, dem du vertraust. Bitte. Die Dunkelheit muss weichen, wenn sie dem Licht ausgesetzt wird.

Vielleicht brauchst du einen Seelsorger oder Pastor. Du kannst auch Freunde einweihen, aber du solltest dich jemandem anvertrauen, der in deinem Leben mehr Autorität besitzt als ein einfacher Freund.

Im Wort Gottes, in Sprüche 28,13, lesen wir, wie es wirklich aussieht. Bleiben Sünde und Schmerz in der Dunkelheit, gedeihen sie. Sie lieben Geheimniskrämerei. Und ich weiß – du musst Mut haben, um Menschen, deren Meinung über dich dir wichtig ist, etwas zu erzählen, wofür du dich schämst.

> *Die Dunkelheit muss weichen, wenn sie dem Licht ausgesetzt wird.*

Aber versuch es einfach mal. Ich denke, du wirst überrascht sein. Du wirst überrascht sein, wie oft Menschen anderen gegenüber gnädig sind. Du wirst überrascht sein, wie schnell das Licht die Dunkelheit auslöscht. Und auch wenn dir dein Kopf etwas anderes erzählt: Du wirst dich mutiger fühlen, wenn du erst einmal offen darüber gesprochen hast.

....

Sei mutig: *Erzähl jemandem,*
dem du vertraust, von dem Schmerz,
den du gerade erlebst.
Hab keine Geheimnisse mehr.

Tag 65

Göttliche Umwege

....

Der Mensch macht viele Pläne,
aber es geschieht, was der Herr will.
Sprüche 19,21

Kennst du das – du denkst, dein Leben geht in eine bestimmte Richtung und dann kommt plötzlich alles ganz anders? Vielleicht denkst du: *Einen Moment, bitte. Ich dachte, ich würde Krankenschwester werden. Warum habe ich keinen Platz in dieser Krankenpflegeschule bekommen?*

In meinem Leben hat es einen signifikanten göttlichen Umweg gegeben, als ich mich für einen Platz an der pädagogischen Hochschule der Universität von Georgia bewarb. Erinnerst du dich, dass es mein Lebenstraum war, Lehrerin zu werden?

Nun, ich bewarb mich für das Lehramtsstudium. Und anfangs bekam ich keinen Studienplatz. Fairerweise muss ich sagen, dass ich in meinen ersten beiden Jahren auf der Uni alles etwas hatte schleifen lassen, doch meine Noten waren auch nicht wirklich *schlecht*. Aber als ich keinen Studienplatz erhielt, dachte ich: *Ich wollte doch immer Lehrerin werden. Was soll ich jetzt machen?*

Und es brach mir das Herz, weil ich nie mit einem anderen Beruf geplant hatte.

Also musste ich mir schließlich ein paar Monate lang über Alternativen Gedanken machen und sagen: *Okay, mein Lebensplan hat sich geändert.*

Aber es war ein göttlicher Umweg, mit dem ich mich auseinandersetzen musste. Und es hat mir so gutgetan, dass ich diesen Weg gehen musste, auch wenn er manchmal schmerzhaft war.

> *Was, wenn ich letztendlich nicht das machen kann, was ich machen will?*

Nach ein paar Monaten wurde ein Platz für mich frei und ich wurde zum Studium zugelassen, also konnte ich doch noch Lehrerin werden.

Aber mehr als einmal hat mich der Herr schon göttliche Umwege gehen lassen, bei denen ich mich mit der Frage auseinandersetzen musste: *Was, wenn ich letztendlich nicht das machen kann, was ich machen will?*

Im ersten Moment machen uns die göttlichen Umwege keinen Spaß. Ob es dabei um Arbeit, Beziehungen, Freundschaften, die Gemeinde oder die Familie geht, sie sind ein Schock. Sie sind eine Planänderung, um die man nicht gebeten hat.

Aber die Sache ist die: Wir brauchen göttliche Umwege, weil Gott uns durch sie dorthin bringt, wo wir am Ende landen sollen.

Gott ist Gott und er liebt dich. Daher ist ein göttlicher Umweg oftmals einfach seine Art, dich dazu zu bringen, zu ihm aufzusehen und den Mut zu haben, die härteste aller harten Fragen zu stellen: *Gott ... vertraue ich dir, auch wenn ich nicht verstehe, was du tust?*

Gott sieht das Gesamtbild. Deine ganze Geschichte. Deine Zukunft. Du kannst ihm vertrauen, auch wenn er deinen Plan zu Fall bringt, weil er gut ist und dich liebt.

. . . .

Sei mutig: Schreibe zwei oder drei göttliche
Umwege in dein Tagebuch,
die du in deinem Leben gehen musstest.
Kannst du im Rückblick sehen,
dass sie am Ende zu deinem Besten waren?

Tag 66

Warum es wichtig ist durchzuhalten

....

Doch nicht nur dafür sind wir dankbar.
Wir danken Gott auch für die Leiden,
die wir wegen unseres Glaubens auf uns
nehmen müssen. Denn Leid macht geduldig.
Geduld aber vertieft und festigt unseren
Glauben, und das wiederum stärkt unsere
Hoffnung. Diese Hoffnung aber geht nicht
ins Leere. Denn uns ist der Heilige Geist
geschenkt, und durch ihn hat Gott unsere
Herzen mit seiner Liebe erfüllt.
Römer 5,3–5

Ich bin ein Drückeberger. Zu leicht laufe ich vor etwas davon, das ich als schwierig empfinde, sei es nun ein Gymnastikkurs, eine Freundschaft oder eine Diät. Aber mittlerweile bin ich reifer und erwachsener geworden und habe gelernt, dass Mut dann entsteht, wenn ich durchhalte.

Weißt du, ich wollte schon oft meinen jetzigen Beruf wechseln. Und ich meine wirklich *oft*. Manchmal ist er schwierig und frustrierend und macht mich einsam. Aber ich mache weiter, denn ich sehe immer wieder ein Licht am Ende des Tunnels, das mir sagt, ich solle weitergehen und weiterschreiben.

Es gibt ein Lied von Joy Williams mit dem Titel „Golden Thread" (zu Deutsch: „Goldener Faden"), und wenn mir alles zu viel wird, höre ich dieses Lied in Dauerschleife. Wenn ich mich fühle, als würde ich nur noch an einem Faden hängen, wenn alles ins Wanken gerät und ich den Faden am liebsten durchschneiden würde, erinnert mich dieses Lied daran, dass dieser Faden aus Gold sein könnte. Und dass es die Sache wert sein könnte weiterzumachen.

Hier wird es allerdings etwas knifflig. Du befindest dich in einer von Gewalt und Missbrauch geprägten Beziehung? Dann sage ich dir nicht, dass du dortbleiben und durchhalten solltest. Du willst als Schauspielerin in L. A. erfolgreich werden und bist total pleite? Auch hier sage ich dir nicht, dass du dortbleiben und durchhalten solltest.

Du bist es leid, immer wieder im Gebet für etwas zu kämpfen, und dieses Gebet wird scheinbar nie erhört? Dann sage ich dir allerdings: Bleib dran. Halte durch. Denn Durchhalten formt den Charakter. Und Gott erhört Gebete.

Durchhalten formt den Charakter.

Du willst aus deiner Ehe mit einem gläubigen Mann flüchten, weil sie anders ist, als du gehofft hast? Bleib dran. Halte durch. Suche Hilfe bei einer Eheberatung, aber halte durch.

Oder du hast dich an der Universität deiner Träume beworben, aber immer noch nichts von dort gehört? Bleib dran. Halte durch.

Auf meinem rechten Arm habe ich ein Tattoo, das genau das sagt: *persevere* (zu Deutsch: „durchhalten"). In kleinen weißen Buchstaben steht dieses Wort da, um mich daran zu erinnern, wer ich sein will und wie ich leben will.

Mutige Menschen geben nicht auf. Mutige Menschen laufen nicht davon. Mutige Menschen erkennen, dass wir auch für unser Leiden dankbar sein können, denn so lernen wir Durchhaltevermögen, und Durchhaltevermögen stärkt unseren Charakter. Und schließlich bringt es uns zu der Hoffnung, die wir in Jesus haben. Und Hoffnung ist etwas, für das es sich zu kämpfen lohnt.

....

Sei mutig: Wo ist bei dir heute Durchhaltevermögen gefragt?

Tag 67

Gib nicht auf

....

Lasst uns also nicht müde werden,
Gutes zu tun. Es wird eine Zeit kommen,
in der wir eine reiche Ernte einbringen.
Wir dürfen nur nicht vorher aufgeben.
Galater 6,9

Schau dich an! Ich bin beeindruckt. Schau, wie weit du schon mit diesem Buch bist. Hör mal – du bist schon bei Tag 67! Großartig. Du hast schon großes Durchhaltevermögen bewiesen.

Jetzt möchte ich dir etwas sagen und bitte dich, mir genau zuzuhören: Gib nicht auf. Hör nicht auf! Du bist auf einer Reise. Du bist auf der Suche nach Mut. Du hast schon über die Hälfte von dem gelesen, was Gott hier für dich bereithält.

Du hast einen Blick auf dein Leben geworfen – auf deinen Schmerz, auf das, was dir Freude bereitet, und auf deine Berufung – und du hast Mut gefunden. Aber hör jetzt nicht auf. Hör nicht auf, den Mut in deinem Leben zu finden. Hör nicht auf mit einer Sache, an der du dran bist, nur weil sie *einfach zu schwierig zu sein scheinen.* Hör nicht auf, dieses Buch zu lesen.

Wenn man sich aufmacht, um Mut zu finden, und Dinge tut, die gesund für Geist, Körper und Seele sind, wird man großen Segen ernten.

Kennst du das? Du machst Sport und beginnst, die ersten Ergebnisse zu sehen. Du fühlst dich stärker, du fühlst dich besser, und deine Kleider sitzen wieder, wie sie sollen. Und dann denkst du: „Geschafft!" – und gewöhnst dir all die gesunden Gewohnheiten wieder ab.

Tu das nicht mit deiner Seele – und auch nicht mit sonstigen gesunden Gewohnheiten.

....

Hör nicht auf!
Du bist auf einer
Reise.

....

Wenn du dranbleibst – wenn du nicht aufhörst, Zeit mit Gottes Wort zu verbringen, Tagebuch zu schreiben, in dich zu gehen und dich in deinen Entscheidungen an der Bibel zu orientieren – dann wirst du großen Segen ernten.

Hör nicht auf, daran zu glauben, und gib jetzt nicht auf!

....

Sei mutig: Mach heute einen kurzen Spaziergang. Denk über die ersten zwei Drittel dieses Buches nach und darüber, wie du dich verändert hast, weil du durchgehalten und dich in Richtung Mut bewegt hast.

Tag 68

Wenn Schmerz heilsam ist

....

Jesus hörte das und antwortete:
„Die Gesunden brauchen keinen Arzt,
sondern die Kranken!"
Matthäus 9,12

Vor Kurzem ließ ich meine Augen lasern. Es ist wirklich der Wahnsinn! Noch nie habe ich etwas erlebt, was einem Wunder dermaßen nahekommt – ich war blind, aber jetzt kann ich sehen!

Aber toll angefühlt hat es sich nicht gerade. Am Nachmittag nach der Operation spürte ich einen gewaltigen Druck auf den Augen und hatte ganz schöne Schmerzen. Aber ich weiß, dass die Schmerzen es wert waren, denn jetzt kann ich praktisch perfekt sehen.

Operationen sind schmerzhaft, aber sie dienen immer unserem Wohl und unserer Gesundheit.

Es gibt Zeiten, da führt auch Gott Operationen an dir durch – nicht weil er dir wehtun will, sondern weil er dich liebt und dich

heilen will. Ich habe das in meinem eigenen Leben gesehen –
Dinge wurden weggeschnitten, Sünden wurden offengelegt, Geheimnisse offenbart – und all dies geschah zu meinem Besten. Auch wenn es wehtat.

Wir wissen das, und doch verhalten wir uns oftmals so, als ob der Chirurg nicht vertrauenswürdig sei und nichts Gutes mit uns im Schilde führte. Wir leben unser Leben in Panik und voller Sorgen und fragen uns, warum es so viel Schmerz in unserem Leben gibt.

Wenn wir uns ins Bewusstsein rufen, dass wir Sünder sind, die Jesus brauchen, können wir unserem großen Arzt vertrauen. Jesus erinnerte uns daran, dass wir Kranke sind, die einen Arzt brauchen.

> *Es gibt Zeiten, da führt auch Gott Operationen an dir durch – nicht weil er dir wehtun will, sondern weil er dich liebt und dich heilen will.*

Wir können die Zukunft nicht vorhersehen. Wir wissen nicht, was das Beste für uns ist. Wir machen Fehler. Wir sagen Dinge, die wir hinterher bereuen. Wir tun Dinge aus unlauteren Motiven. Wir leben in einer kaputten Welt.

Aber unser Gott ist ein Heiler. Er liebt uns. Und wir können selbst angesichts von Zerrissenheit und Schmerz und seelischen Operationen mutig sein, weil wir wissen, dass Gott gut ist.

. . . .

Sei mutig: *Bitte Gott, dir zu zeigen,*
wie manche deiner Verletzungen schließlich
zu Heilung geführt haben.

Hab den Mut,
Heilung zu suchen

Heilung ist oftmals eine Entscheidung.

Tag 69

Gottes Absichten mit deinem Körper

....

Oder habt ihr etwa vergessen, dass eurer
Körper ein Tempel des Heiligen Geistes ist,
der in euch wohnt und den euch Gott gegeben
hat? Ihr gehört also nicht mehr euch selbst.
1. Korinther 6,19

Ich wiege mehr als die meisten Frauen in meinem Alter. Gern
spreche ich nicht darüber. Ich habe bereits seit der vierten Klasse Gewichtsprobleme und habe mit dieser Tatsache jeden Tag
ziemlich zu kämpfen. Wenn ich darüber spreche, wird mein
Problem irgendwie noch realer oder ich mache es damit zu einer
großen Sache oder so was in der Art.

Seit der sechsten Klasse bin ich entweder auf Diät gewesen
oder habe eine Diät machen wollen. Für die, die gern rechnen:
Das sind mehr als zwei Drittel meines Lebens.

Als ich Anfang zwanzig war, wurde bei mir das polyzysti-
sche Ovarialsyndrom (PCOS) diagnostiziert. Neben anderen

„netten" Nebenwirkungen erschwert PCOS das Abnehmen und die Verarbeitung von Insulin.

Während des Großteils meiner Jugend dachte ich, mein Körper funktioniere deshalb in vielen Bereichen nicht richtig, weil ich schlecht mit ihm umging. Aber es hat sich gezeigt, dass ich zudem eine Krankheit habe, die gegen mich arbeitet.

Als Jugendliche war ich sehr auf meinen Körper und meine Wünsche und Bedürfnisse fokussiert, aber auf meine Seele? Nicht so sehr. Was meine Seele betrifft – ich glaubte, ich könnte sie mit Essen nähren. Die Orte, die sich in mir leer anfühlten, füllte ich mit Essen. Einsam? Essen. Traurig? Essen. Feiern? Essen.

> **Gott hat gute Absichten mit deinem Körper – mit all seinen Unvollkommenheiten und Krankheiten.**

Die Diagnose von PCOS war für mich wie ein Licht am Ende des Tunnels. *Also deswegen werde ich nicht schlank,* dachte ich, *und deswegen hasse ich meinen Körper.*

Es hat Jahre gedauert und für mich ist es noch immer ein innerer Kampf – aber durch Gottes Gnade denke ich nicht länger, mein Körper werde niemals gut genug sein, sondern glaube nun, dass er ein Tempel des Heiligen Geistes ist.

Gern würde ich von meinem PCOS geheilt werden, und vielleicht gibt es auch bei dir ein chronisches Leiden, von dem du dir wünschst, es würde verschwinden, aber vergiss nicht: Jesus macht alles neu. Eines Tages wird unser Körper und diese kaputte Welt ganz geheilt werden. In der Zwischenzeit hat Gott gute Absichten mit deinem Körper – mit all seinen

Unvollkommenheiten und Krankheiten. Er will dich benutzen, so wie du bist, um ihm die Ehre zu geben.

Mutige Menschen sehen auf ihren Körper und entschließen sich, ihn als das zu sehen, was er ist – ein Gefäß, das einen mächtigen Gott beinhaltet.

....

Sei mutig: In den kommenden Tagen wird sich in diesem Buch alles um deine Gesundheit drehen. Warum? Weil nur ein gut funktionierender Körper ein mutiger Körper sein kann. Wir haben viel Zeit damit verbracht, über unsere Seele und unseren Geist zu sprechen, also bereite dein Herz darauf vor, dass wir nun über unseren Körper sprechen.

Tag 70

Der Rhythmus der Disziplin

....

Aber später zeigt sich, wozu das alles gut war.
Wer nämlich auf diese Weise Ausdauer gelernt
hat, der tut, was Gott gefällt, und ist von
seinem Frieden erfüllt.
Hebräer 12,11b

Vor ein paar Jahren beschloss ich, im Frühling an einem Halb-marathon teilzunehmen. Es war eine alberne Entscheidung. Eigentlich mag ich Laufen gar nicht.

Ich meldete mich an, bezahlte das Startgeld, buchte meinen Flug nach Florida und bereute das Ganze gleich wieder. Aber ein paar andere Mädels – Blair, Katie und Emily – hatten sich ebenfalls angemeldet, bezahlt und Flüge gebucht, also konnte ich nicht einfach einen Rückzieher machen.

Im Herbst vor dem Lauf lud ich mir ein Trainingsprogramm auf mein iPhone und beschloss, sechs Monate lang intensiv für diesen Halbmarathon zu trainieren.

Ich habe es nicht getan.

Als nun der März kam und wir unsere Sachen für das Wochenende packten, war ich ungefähr fünf Kilometer gejoggt. Und nun sollte ich 21,0975 km in Angriff nehmen.

Nach mehr als dreieinhalb Stunden überquerte ich die Ziellinie. Nur noch drei Geschenkpakete lagen auf dem Tisch, und in der offiziellen Rangliste von Tausenden von Läufern war ich die Vorletzte. Vor mir kamen drei gehende Omas ins Ziel.

Die nächste Woche war die schmerzhafteste Woche meines Lebens. Jeder Muskel schmerzte. *Jeder einzelne Muskel.* Ich lief, als wäre ich gerade auf einem Pferd von Maine bis zu diesem Strand in Florida geritten. Ich wollte einfach nur wie ein Seestern auf dem Boden liegen und zwei oder auch zehn Tage lang Ibuprofen per Tropf erhalten.

> *Disziplin ist wie die Arbeit auf dem Trainingsplatz, die man tut, um bereit für das große Spiel zu sein.*

Mein Mangel an Training – und mein Mangel an Disziplin – suchten mich nach diesem Rennen heim.

Ich hätte in diesem Rennen ein besseres Ergebnis erzielen können, mit weniger Schmerzen zu kämpfen gehabt und wäre wohl auch bereit gewesen, einen weiteren Lauf mit dieser Distanz in Angriff zu nehmen, wenn ich nur wirklich trainiert hätte.

Ich habe Disziplin immer mit dem Befolgen von Regeln verbunden. Von Natur aus halte ich mich gern an Regeln, aber wenn ich selbst diejenige bin, die eine Regel aufstellt und versucht, sich daran zu halten, klappt es oft einfach nicht. Aber tatsächlich ist Disziplin nicht das Befolgen von Regeln oder Gesetzen, sondern eher so etwas wie die Arbeit auf dem Trainingsplatz, die man tut, um bereit für das große Spiel zu sein.

Was bedeutet Disziplin also konkret? Wie das bei dir ist, weiß ich nicht. Ich weiß nur, dass ich persönlich Disziplin oft gern als etwas Langweiliges und Unnötiges abstemple. Dabei muss man trainieren, wenn man mutig und vorbereitet sein möchte, wenn man ins große Spiel gerufen wird.

Deine Disziplin, der Rhythmus, der das Beste aus dir herausholt – ob du nun deinen Körper, deine Seele oder deinen Geist trainierst –, tritt zum Vorschein, wenn es an der Zeit ist, das Richtige zu sagen, das Richtige zu tun und die mutige Person zu sein, die du sein möchtest. Nur Training führt zum Ziel. Es ist das Training, das dich mutig macht.

. . . .

Sei mutig: In welchem Bereich deines Lebens könntest du disziplinierter sein?

Tag 71

Geh spielen!

....

Diesen Freudentag hat er gemacht,
lasst uns fröhlich sein und jubeln!
Psalm 118,24

Gestern – Disziplin. Heute – lass uns spielen. Ja. Spielen! Die
beiden Themen hängen enger zusammen, als dir vielleicht bewusst ist. Hast du in deinem täglichen Leben Spaß?

Vielleicht findest du Spielen nicht so wichtig oder würdest
es nicht als mutig betrachten, wenn man dem Spielen Priorität einräumt. Aber wenn du Dinge, für die du verantwortlich
bist, auch mal liegen lässt, musst du mutig sein. Du musst mutig
sein, wenn du dich von der Lüge verabschiedest, dass deine berufliche Karriere scheitern wird, wenn du zwischendurch auch
mal Spaß hast.

Spiel draußen! Spiel mit deinen Freunden! Mach die Dinge,
die du als Kind geliebt hast – das bringt dich wieder in Verbindung mit einer Zeit, die irgendwie einfacher war, wo Stress noch

kein großes Thema war und es deinem Herzen leichter fiel, zu leben und zu lieben.

Es ist wie ein tiefes Luftholen auf der wirklich harten Reise zum Mutigsein.

Ich war auf einer Missionsreise in Schottland und unser ganzes Team war am Streiten. Etwas war schiefgegangen und wir waren einfach zu lange auf engem Raum zusammen gewesen. Daher sagten unsere Teamleiter das geplante dreistündige Nachmittagsprogramm ab und nahmen uns stattdessen alle zum Frisbeespielen mit.

Wir knallten gegeneinander und rannten und sprangen und flogen durch die Luft. Die Atmosphäre war ganz schön geladen, und wir fingen an, wütend zu werden.

Aber weißt du, was dann passierte? Am Ende lachten wir alle.

Es war ein tolles Beispiel dafür, wie heilsam Spielen sein kann. Es zeigt, wie wichtig Spielen für uns ist und warum wir unbedingt spielen müssen. Diszipliniert und mutig zu sein ist keine einfache Aufgabe. Wenn du dem Spielen in deinem Leben keinen

> *Spielen ist wie ein tiefes Luftholen auf der wirklich harten Reise zum Mutigsein.*

Raum gibst, wirst du irgendwann ausgebrannt sein. Du wirst an den Punkt gelangen, wo du um deinen Mut kämpfen musst, weil du fühlst, dass dein Versagen zum Vorschein kommt und Ängste plötzlich hochkochen. Es ist gefährlich, wenn du dich dann nicht entspannen kannst. Also geh spielen!

Mutige Menschen wissen, dass Spielen nicht einfach nur okay ist. Es ist sogar gesund.

Was ist mit heute? Diesen Tag hat der Herr gemacht. Du darfst dich an diesem Tag erfreuen und fröhlich sein. Du darfst Spaß haben und lachen und gelassen mit deiner To-do-Liste umgehen, weil Gott die Zügel in der Hand hält, und du kannst völligen Frieden in ihm haben.

. . . .

Sei mutig: Geh spielen!
Wirklich, mach etwas, das Spaß macht!

Tag 72

Mach Sport!

....

Weil ihr Gottes reiche Barmherzigkeit
erfahren habt, fordere ich euch auf,
liebe Brüder und Schwestern, euch mit eurem
ganzen Leben Gott zur Verfügung
zu stellen. Seid ein lebendiges Opfer,
das Gott dargebracht wird
und ihm gefällt.

Römer 12,1

Was du auf jeden Fall machen solltest: Sport. Aber nicht nur, um gut auszusehen. Sicher, durch Sport fühlt man sich gesünder und sieht auch so aus, aber das ist nicht der Grund, weshalb du Sport machen solltest. Bei einem Lebensstil mit Sport als täglichem Bestandteil geht es nicht ums Abnehmen.

Deine Kleidergröße ist nicht das Thema. Es gibt keine attraktive Größe oder hässliche Größe. Aber es gibt einen Punkt, ab dem man krank wird und der Körper leidet.

Sport muss nicht unbedingt gleich ein Marathonlauf sein, es sei denn, du möchtest das gern machen. Ich habe zwar keine Ahnung, warum Leuten so etwas Spaß macht, aber wenn es dich glücklich macht, dann los!

Du kannst aber auch einfach spazieren gehen. Oder schließ dich einer Gymnastikgruppe oder irgendeiner Sportmannschaft an. Geh einfach raus und beweg dich.

Dein Körper verdient eine respektvolle und gute Behandlung. Dein Körper wurde zum Bewegen geschaffen und nicht zum bewegungslosen Verharren.

Deine Muskeln und Knochen müssen stark genug sein, um all die Dinge tun zu können, zu denen du berufen bist, und zwar so viele Jahre lang, wie du hierbleiben sollst.

Im Römerbrief sagte uns Paulus, wir sollen unsere Körper als ein lebendiges Opfer darbringen. Es ist tatsächlich so: Wenn wir nicht gut für unseren Körper sorgen, sind wir nur eingeschränkt in der Lage, Gottes Werk zu tun. Das meine ich ganz ernst: Wenn wir nicht gut zu unserem Körper sind, wenn wir ihn nicht gut behandeln, begrenzen wir damit den Einfluss, den wir auf die Welt haben können. Ich glaube das wirklich!

Dein Körper wurde zum Bewegen geschaffen und nicht zum bewegungslosen Verharren.

Gott hat uns in die Welt gesetzt, um seine Liebe zu verbreiten, um seine Liebe für die Menschen um uns herum zu verkörpern, und er hat uns diesen großartigen Körper gegeben, um mit ihm von A nach B zu kommen.

Weißt du, was nicht mutig ist? Eine Couch Potato, ein Stubenhocker zu sein. Aber wenn man gut für seinen Körper sorgt und versucht, stark zu sein, damit man anderen helfen kann? *Das* ist mutig. Mutige Menschen machen Sport und sehen dies als eine Form des Gehorsams gegenüber Gott an.

Auch du schaffst das. Ich glaube an dich. Du kannst damit aufhören, deinen Körper als etwas zu sehen, das du dir kleiner oder größer oder irgendwie anders wünschst. Fang an, ihn als einen Tempel Gottes zu sehen, den du erhalten hast, damit du ein Leben lang gut für ihn sorgst und ihn zur Ehre Gottes einsetzt.

. . . .

Sei mutig: Geh spazieren. Geh ins Fitnessstudio.
Trainiere für einen 5-Kilometer-Lauf.
Oder wie das Emblem meines Yogastudios sagt:
„Pursue Sweat" (zu Deutsch in etwa:
„Dein Ziel: Schwitzen").

Tag 73

Iss Gemüse!

· · · · · · · · · · · · · · · · · · · ·

Ob ihr esst oder trinkt
oder was immer ihr sonst tut –
alles soll zur Ehre Gottes
geschehen.
1. Korinther 10,31

Etwas, was ich heiß und innig liebe, ist Eiscreme (leider nur
aus Mandelmilch, weil ich eine Kuhmilchallergie habe). Eis ge-
mischt mit Schoko-Cookie-Teig und ich bin auf Wolke sieben!
Aber ich esse Eiscreme natürlich nicht zum Frühstück, Mittagessen und Abendessen. Nicht weil ich es nicht könnte oder keine
Lust darauf hätte – aber ich habe die Entschlossenheit und den
Willen, dem zu widerstehen.

Ich weiß, dass Eiscreme ungesund für meinen Körper ist, und
deswegen möchte ich sie nur einmal pro Woche oder auch nur
einmal im Monat essen. Maßhalten ist hier wichtig. Maßhalten
und Beten. Hört sich das seltsam an? Ja, vielleicht. Aber glaub

mir, wenn du dich hinsetzt und den Herrn bittest, auch dein Essverhalten zu lenken, wird er das tun.

Ich habe gelernt, meinen Körper zu lieben und zu lieben, wie Gott mich gemacht hat, daher kann ich mir nicht vorstellen, meinen Körper mit Essen vollzustopfen und mit Getränken zuzuschütten, die ihn kaputt machen. Ich versuche auch hier, mich bei meinen Entscheidungen an Gottes Willen zu orientieren.

Wie sieht deine Ernährung aus?

Ich weiß, dass wir nicht alle die gleichen Mittel haben. Manche Leute können es sich leisten, sich frisches Obst und Gemüse vor die Tür liefern zu lassen, während andere beim Lebensmitteleinkauf sehr aufs Geld achten müssen. Ich verstehe das.

> *Du solltest darüber nachdenken, was du isst, und das Essen nicht einfach nur in dich hineinschaufeln.*

Aber es geht um Folgendes: Egal, wie deine wirtschaftliche Lage aussieht, du solltest darüber nachdenken, was du isst, und das Essen nicht einfach nur in dich hineinschaufeln.

Wenn du heute bei *McDonald's* isst: Der Beilagensalat dort kostet in etwa das Gleiche wie ein Burger.

Damit will ich nicht sagen, dass du niemals Burger essen solltest. Burger sind fantastisch. Aber wenn du einerseits gut schmeckendes Essen gedankenlos konsumierst und es andererseits nicht schaffst, die Dinge zu essen, die wirklich gut für dich sind, dann gehst du nicht gut mit deinem Körper um.

Gott hat dir deinen Körper nicht ohne Grund gegeben. Er hat mit deinem Leben etwas vor. Hab den Mut, dir bewusste Essgewohnheiten anzueignen.

Gott möchte nicht, dass du ihm nur mit einem Teil deines Lebens die Ehre gibst. Er will alles. Er will, dass du ihm in allen Bereichen deines Lebens und mit deiner ganzen Identität die Ehre gibst.

Wir müssen mit Bedacht leben. Und wir müssen gut mit unserem Körper umgehen, den Gott uns geschenkt hat.

. . . .

Sei mutig: Geh heute auf einen Bauernmarkt oder zu einem Direktvermarkter.
Auch wenn du nicht weißt, was du kaufen sollst, schlendere einfach durch. Schau dir die Farben und die saisonalen Angebote an.
Sprich mit den Bauern. Kaufe ein Gemüse, für das du über Google ein entsprechendes Rezept finden kannst, und probiere es aus!

Tag 74

Ruh dich aus!

. . . .

Es macht keinen Sinn, früh aufzustehen
und spät ins Bett zu gehen und
dir die Finger wund zu arbeiten.
Weißt du denn nicht, dass er jenen,
die er liebt, gern Ruhe schenkt?
Psalm 127,2 (aus The Message)

Mutige Menschen erkennen, dass es Zeiten gibt, in denen man
mal Pause machen muss.

Ich weiß genau, wie turbulent der Alltag für gewöhnlich ist.
Man muss arbeiten. Man muss Sport machen. Man muss Ja sagen. Man muss es versuchen. Man muss hart arbeiten. Ja, das ist
sicher so.

Aber 365 Tage im Jahr nur durchs Leben zu hetzen ist nicht
das, was mutige Menschen tun. Sie machen Pause, wenn sie eine
Pause brauchen, auch wenn es etwas kostet oder der Gedanke,
die Arbeit zu unterbrechen, sie unruhig macht.

Deine seelische Gesundheit ist wichtiger als das Ziel, für das du dich ins Zeug legst. Und du wirst deine Ziele nicht erreichen, wenn du ausgebrannt bist.

Ausruhen ist nichts Schlechtes. Ausruhen ist nichts, was dich zurückwirft. Ja, manchmal kann es dich etwas kosten. Und manchmal muss man zu etwas Nein sagen, damit man sich ausruhen kann.

Aber wie der heutige Vers sagt, ist Ruhe ein Geschenk Gottes an seine geliebten Kinder. Mutig zu sein heißt nicht, die Welt aus eigener Kraft zu erobern. Es heißt, dass du hart mit dem arbeitest, was dir gegeben ist, aber auch darauf vertraust, dass alles von Gott kommt – auch deine Fähigkeit, dich ins Zeug zu legen, kommt von Gott. Er hat dich geschaffen.

> *Du wirst deine Ziele nicht erreichen, wenn du ausgebrannt bist.*

Also hör auf ihn, wenn er dir sagt, du solltest dich ausruhen. Mach das Ausruhen zu einem Teil deines Lebensrhythmus. Es ist eine Disziplin, für die du dich entscheiden und die du in dein Leben einladen musst. Wenn du siehst, wie andere um dich herum durchs Leben hetzen und sich keine Ruhe gönnen, solltest du nicht nervös werden und das Gefühl haben, du müsstest mit ihnen Schritt halten.

Hab den Mut, dich auszuruhen – in dem Wissen, dass du das brauchst. In dem Wissen, dass es gesund ist. In dem Wissen, dass selbst Gott sich ausruht.

. . . .

Sei mutig: Mach ein Nickerchen.
Geh heute früh ins Bett.
Nimm dir einen Tag frei –
oder zumindest einen Nachmittag –
und komm zur Ruhe.

Tag 75

Sabbat

....

„Ihr sollt sechs Tage arbeiten und
am siebten Tage ruhen!“
2. Mose 34,21

Mutige Menschen halten einen Sabbat. Das muss nicht so aussehen wie in Jerusalem. Es ist nicht so, dass du von Sonnenaufgang bis Sonnenuntergang keinen Lichtschalter betätigen darfst, aber du musst die tägliche Plackerei mal sein lassen. Und zwar regelmäßig.

Mein Sabbat findet mittwochmorgens statt, da ich am Wochenende oft arbeite.

Daher bin ich mittwochs in der Zeit zwischen Aufwachen und zwei bis drei Uhr nachmittags nicht erreichbar. Jeder weiß das. Das heißt, dass ich in diesem Zeitfenster von sechs Stunden keine technischen Geräte benutze, keine Wäsche mache und ich nicht herumhetze.

Das Einzige, was ich tue, ist auszuruhen und Gott anzubeten.

Wenn ich Erholung darin finde, mit einer Freundin Kaffee zu trinken, trinke ich Kaffee mit einer Freundin.

Wenn ich Erholung darin finde, Gottes Schöpfung am Radnor See zu bewundern, gehe ich am Radnor See spazieren.

Ich lese Bücher. Ich lese wie verrückt. Ich lese so lange, bis ich keine Lust mehr habe. Und dann mache ich immer ein Nickerchen. Manchmal fahre ich nach Leiper's Fork in Tennessee, etwa dreißig Minuten von meinem Haus entfernt, und breite dort eine Decke aus und lese ein bisschen.

Und ja, manchmal mache ich auch da ein Nickerchen.

Es hört sich toll an, und das ist es auch, aber es ist echt schwer, sich einen Tag oder auch nur ein paar Stunden freizunehmen, wenn man weiß, dass so viel zu tun ist.

Es erfordert Mut, deine Arbeit oder deine Berufung einfach mal links liegen zu lassen in dem Glauben, dass Gott trotzdem für dich sorgen wird. Aber der Sabbat ist etwas, das uns aufgetragen ist – eine Disziplin, die unser Leben besser machen wird, wenn wir sie in unser Leben aufnehmen.

Du und ich, wir dürfen die Angst, irgendetwas Tolles zu verpassen, nicht gewinnen lassen.

Wir brauchen einen Sabbat. Wir brauchen Ruhe. Wir brauchen andere Menschen. Wir brauchen Freundschaften.

Mutige Freunde, bitte entscheidet euch dafür, den Sabbat zu halten. Zieht den Stecker. Erlaubt euch selbst eine Pause. Sagt Ja zur Ruhe und Ja

> *Es ist echt schwer, sich einen Tag oder auch nur ein paar Stunden freizunehmen, wenn man weiß, dass so viel zu tun ist.*

zu Beziehungen, auch wenn ihr gleichzeitig eurer Arbeit oder eurer Berufung sagen müsst: „Warte mal einen Moment …"

. . . .

Sei mutig: Wenn du englische Bücher liest, kann ich dir zu diesem Thema das Buch Garden City *von John Mark Comer empfehlen. Es lässt sich sehr gut lesen und bietet jede Menge hilfreiche Informationen über den Sabbat. Ansonsten bestelle dir ein deutsches Buch zum Thema Ruhefinden im Alltag – zum Beispiel* AlltagsOasen *von Christina Vinson oder* Aufbruch zur Stille *von Bill Hybels.*

Tag 76

Worte können heilen

....

Die Worte eines gedankenlosen Schwätzers
verletzen wie Messerstiche; was ein weiser
Mensch sagt, heilt und belebt.

Sprüche 12,18

Wir haben zwei Möglichkeiten, wozu wir unsere Worte verwenden können: Wir können etwas aufbauen oder kaputt machen.

Ich könnte dir unzählige Geschichten davon erzählen, wie mir die Worte von jemandem Leben geschenkt, mich aufgebaut, gestärkt und geheilt haben. Und ich kann dir Geschichten davon erzählen, wie Worte mir das Herz gebrochen haben.

Worte haben Macht.

Ich weiß das, weil ich es immer und immer wieder zu spüren bekommen habe. Aber dieses eine Mal in der siebten Klasse haben Worte wirklich prägende Spuren in meinem Herzen hinterlassen. Es waren Worte, die mich für immer verändert haben.

In diesem Jahr hatte ich einen Sozialkundelehrer namens Mr Samson. Sein Klassenzimmer hatte viele Fenster und die Tische standen ganz dicht beieinander. Ich saß zwischen zwei Jungs und hinter meiner besten Freundin. Eines Tages sah ich, wie sich einer der Jungs von meiner Freundin Sarah ein kleines Stück grünes Papier lieh und anfing, ein Art Liste zu erstellen. Keine Ahnung, woher ich es wusste, aber mir war klar, dass es bei der Liste um mich ging. Ich konnte sie nicht sehen, aber es reichte völlig, ihm beim Schreiben zuzusehen. Ich war gleichermaßen besorgt wie neugierig.

Die Stunde war zu Ende. Mark zerriss das grüne Papier in kleine Fetzen, und als er aus dem Klassenzimmer ging, warf er sie in den Papierkorb. Nachdem das Klassenzimmer sich geleert hatte, packte ich langsam meine Sachen und ging – während Mr Samson jede meiner Bewegungen genau beobachtete – zum Papierkorb, wo ich mich hinkniete, diese kleinen Papierfetzen aus dem Müll klaubte und sie dann in die Tasche meiner gebleichten Jeans (typisch Neunziger eben …) steckte.

Als ich am Nachmittag nach Hause kam, ging ich nach dem Essen sofort hoch in mein Zimmer und breitete die Papierfetzen auf dem Teppichboden aus. Als ob ich eine Art böses Puzzle zusammensetzen würde, probierte ich so lange aus, welche Fetzen wohin gehörten, bis die Ränder zusammenpassten und sich Worte zusammensetzen ließen. Ich klebte die kleinen Fetzen mit Klebefilm zusammen, bis sich das Papier schließlich so anfühlte, als hätte ich es mit Klebefilm laminiert.

Ich begann, den Text in dieser typischen krakeligen Mittelschulhandschrift zu lesen. Es war eine Liste mit jedem

Mädchen aus unserer Klasse und daneben einem Wort, das sie beschrieb.

Ich konzentrierte mich auf meinen eigenen Namen. Und meine Zeile sah so aus:

Annie = schwabbelig.

Ich weiß, dass auch du schon Worte gehört hast, die dich verletzt haben. Denn wenn du ein Mensch bist, hast auch du schon ganz direkt den Schmerz erlebt, den Worte verursachen können.

Ich weiß das, weil ich selbst schon mein ganzes Leben lang ein Mensch bin. Und viele Menschen kennengelernt habe. Und mit vielen Menschen geredet habe. Und auch ich bin schon gemein zu anderen Menschen gewesen.

Wir haben zwei Möglichkeiten, wozu wir unsere Worte verwenden können: Wie können etwas aufbauen oder kaputt machen.

Schau dir den heutigen Vers an. Was bewirken rücksichtslose Worte? Sie tun weh. Aber Worte können auch heilen. Mutige Menschen lästern nicht über andere und benutzen ihre Worte nicht, um andere zu verletzen.

Mutige Menschen benutzen ihre Worte, um zu heilen. Freundliche Worte über das Herz und die Gedanken *und* den Körper eines anderen Menschen können viel zu dessen Heilung beitragen. Mutige Menschen lassen ihrem eigenen Herzen durch Gottes Wort und die Worte der Weisen Heilung bringen. „Was ein weiser Mensch sagt, heilt und belebt" – ich wünsche dir, dass auch du diese Heilung in deinem Leben siehst und erfährst.

．．．．．．．．．．．．．．．．．．．．

Sei mutig: *Zu wem kannst du heute heilende Worte sprechen?*

Tag 77

Gesunde Menschen machen sich Gedanken über andere Menschen

. . . .

Jesus antwortete ihm:
„‚Du sollst den Herrn, deinen Gott,
lieben von ganzem Herzen, mit ganzer
Hingabe und mit deinem ganzen Verstand.'
Das ist das erste und wichtigste Gebot.
Ebenso wichtig ist aber ein zweites:
‚Liebe deinen Mitmenschen wie dich selbst.'
Alle anderen Gebote und alle Forderungen
der Propheten sind in diesen beiden
Geboten enthalten."
Matthäus 22,37–40

Während meiner Highschool-Zeit waren meine Gedanken
voll von bösem Geflüster, wie wenig liebenswert ich doch sei,
wie sehr ich mich verändern müsse und wie viele Fehler Gott

gemacht habe, als er mich schuf. Damals wusste ich noch nicht, dass dieses Geflüster nur Lügen waren, die ich zurückweisen darf, also ließ ich es in mir gären und wachsen, bis meine ganze Seele davon überwuchert war. Und mit diesem Selbsthass habe ich jahrelang gelebt.

Als ich die zehnte Klasse besuchte, holte mich meine Mutter vom Fußballtraining ab und stellte mir eine gezielte Frage: „Wie möchtest du deine Freunde lieben, wenn du dich selbst nicht liebst?"

Ihre Frage irritierte mich. *Ist doch egal, ob ich mich selbst liebe,* dachte ich. Ich weiß noch, dass ich wirklich dachte, meine Mutter hätte keine Ahnung, wovon sie sprach.

Sie drängte mich nicht zu einer Antwort, sie ließ mich einfach über die Frage nachdenken. Ich weiß nicht, ob ich ihr überhaupt eine Antwort gab; wenn ja, war es irgendetwas Teenagermäßiges wie: „Ach, Mom, du weißt gar nicht, wie sehr ich meine Freunde liebe und Gott liebe, und das ist alles, was zählt." Und dann stieg ich wahrscheinlich aus dem Mini-Van aus und setzte mich, nassgeschwitzt vom Fußball, auf ihre schöne Couch und wartete darauf, dass sie das Abendessen für unsere Familie zubereitete. Hilfsbereit wie man als Teenager nun mal ist …

Du musst dich selbst lieben, um andere Menschen richtig lieben zu können.

Dieses Gespräch habe ich in all den Jahren nicht vergessen. Und als ich erwachsen wurde und Gott mich von vielen dieser Lügen befreite und mir zeigte, wie ich für die Wahrheit kämpfen konnte, erkannte ich (*einmal tief Luft holen*), dass meine Mutter recht gehabt hatte.

Zwar sind wir in der Lage, andere in gewissem Maße zu lieben, selbst wenn wir in Selbsthass ertrinken. Aber Liebe kann wirklich frei machen, und zwar, wenn wir das zweite der beiden höchsten Gebote befolgen.

Jemanden zu lieben heißt, an *ihn oder sie* zu glauben. Wenn jemand an dich glaubt, verändert dies alles – dein Auftreten, deinen Umgang mit anderen Menschen, wie du Tag für Tag lebst. Und das gleiche Geschenk kannst du auch den Menschen um dich herum machen.

Meine Mutter hatte recht: Du musst dich selbst lieben, um andere Menschen richtig lieben zu können. Jesus hat das selbst gesagt – liebe die anderen, *so wie* du dich selbst liebst. Es lohnt sich, darüber nachzudenken.

Wenn du wirklich mutig bist und wirklich versuchst, innerlich gesund zu werden, dann lerne, dich selbst zu lieben und aus dieser Liebe heraus auch andere zu lieben.

Gesunde, mutige Menschen lieben andere Menschen.

Liebst du dich selbst? Siehst du dich so, wie Gott dich sieht? Erkennst du, wie liebenswert du bist? Denn wenn du das tust, wenn du die ganze Wahrheit siehst, dann kannst du nicht anders, als auch deinen Nächsten zu lieben.

. . . .

*Sei mutig: Schau dir noch mal den heutigen
Titel an – „Gesunde Menschen machen sich
Gedanken über andere Menschen".
Weil sie zuallererst sich selbst lieben,*

sind sie in der Lage, auch andere zu lieben.
Denk darüber nach und schreibe heute etwas zu
folgenden Fragen auf: Würden dein Leben und
deine Beziehungen anders aussehen,
wenn du diese Wahrheit leben würdest –
dass die Liebe zu anderen das ist, was aus der
Liebe Gottes zu dir und deiner Liebe
zu dir selbst überfließt?

Hab den Mut zu dienen

Gib dich selbst für andere.
Die Welt wird dadurch zu einem
besseren Ort.

Tag 78

Sei eine Mentorin

....

Folgt meinem Beispiel, so wie ich dem Vorbild
folge, das Christus uns gegeben hat.
1. Korinther 11,1

Vor ein paar Jahren saß ich mit zwei der Mädchen aus meiner
Kleingruppe in der Gemeinde zusammen und wir redeten über
die Uni und Jungs, die Passionszeit und Mädelskram. Wir sprachen auch über unsere Pläne für die Kleingruppe an diesem
Abend, und als ich ging, erwähnte ich, dass die Mädchen ihre Ta-
gebücher mitbringen sollten. Ich war echt geschockt, als ich hörte, dass keine von ihnen ein Tagebuch besaß. Ich brauchte eine
Minute, bis ich mich daran erinnerte, dass sie ja auch nicht viel
älter waren als ich, als ich mit dem Tagebuchschreiben anfing.

An diesem Abend, nachdem wir zusammen Tacosuppe gegessen hatten, holte ich eine große durchsichtige Plastikkiste
aus dem Flurschrank und zeigte ihnen meine ständig wachsen-
de Sammlung von Tagebüchern.

In dieser Kiste bewahre ich alle Notizbücher auf, in die ich geschrieben und gekritzelt habe und über die im Laufe der Jahre auch viele Tränen geflossen sind. Ich zog bestimmte Bücher heraus und erzählte den Mädchen von meinen Erinnerungen an die dort festgehaltene Zeit.

So erzählte ich ihnen, dass das Buch mit dem Schwarz-Weiß-Foto des kleinen Jungen und kleinen Mädchens aus meinem ersten Jahr auf der Uni stammte und dass ich das Buch eines Tages versehentlich in der Gemeinde gelassen hatte – und wie ich Panik bekam, weil ich darin etwas über meinen Schwarm geschrieben hatte. Dann zeigte ich ihnen das Buch mit der handgemalten Waffenrüstung Gottes und sagte, dass es mich auf die erste von mir geleitete Missionsreise begleitet hatte. Und ich zeigte ihnen mein allererstes Buch mit den weißen und goldenen Sternen drauf, das nicht einmal halb voll geschrieben ist und mir doch so viel bedeutet.

> *Die Bibel fordert Männer und Frauen heraus, andere durch ihr Beispiel zu führen und ihr Wissen und ihre Erfahrungen an die Jüngeren, die ein paar Schritte hinter ihnen sind, weiterzugeben.*

Es war eine schöne Erfahrung – für die Mädchen, die etwas von meiner persönlichen Geschichte erfuhren, und auch für mich, weil ich noch einmal auf die prägenden Zeiten in meinem Leben zurückblicken konnte.

Die Bibel fordert Männer und Frauen heraus, andere durch ihr Beispiel zu führen und ihr Wissen und ihre Erfahrungen an die Jüngeren, die ein paar Schritte hinter ihnen sind, weiterzugeben. Es hat mir immer viel Freude bereitet, andere junge Menschen als Mentorin zu begleiten.

Das zu nehmen, was der Herr einen gelehrt hat, und es an diejenigen weiterzugeben, die auf ihrem Lebensweg noch nicht so weit sind wie man selbst – damit schenkt man Leben.

Oft hindert es Menschen am Weiterkommen, dass sie sich für etwas untauglich fühlen. Wer bin ich denn schon, dass ich ein Mentor für jemand anderen sein könnte? Wenn du mit Jesus unterwegs bist, besitzt du Weisheit, die du jenen weitergeben kannst, die noch nicht so lange mit ihm unterwegs sind wie du.

Mutige Menschen investieren nicht nur in ihre eigenen Hoffnungen und Träume.

Sie investieren ihre Weisheit, Zeit und Liebe auch in andere Menschen.

. . . .

*Sei mutig: Überleg doch mal,
welche Person, die jünger ist als du,
du diese Woche auf einen Kaffee einladen
könntest. Rufe sie oder ihn an und
vereinbart dafür einen Termin!*

Tag 79

Sei eine Wegbereiterin

....

Dein Wort ist
wie ein Licht in der Nacht,
das meinen Weg erleuchtet.
Psalm 119,105

Vor ein paar Jahren saß ich an einem Tisch in einem Café hier in Nashville einem jungen Mädchen gegenüber, das keinen festen Freund hatte. Sie erzählte mir von ihrem Schmerz und ihren Glaubensproblemen, die sie in direktem Zusammenhang mit ihrem Singledasein sah. (Ich konnte sie so gut verstehen.) Sie weinte zwar nicht, aber ich hielt dennoch ein Taschentuch bereit, denn ich erwartete, dass sie jeden Moment anfangen würde. Sie erzählte mir viele Geschichten – und ich hatte das Gefühl, als hätte sie viele davon meinen eigenen Tagebüchern entnommen, die ich als einsames christliches Mädel in den Zwanzigern geschrieben hatte. Und ich sagte ihr etwas, was ich mir leider selbst nie hatte sagen können.

„Ich weiß. Es tut weh. Aber Gott hat dich nicht vergessen. Er zeigt dir auch jetzt seine Liebe für dich. Glaub ihm. Glaub seinem Wort. Glaub seinem Herz."

Ich hatte gerade damit begonnen, öffentlich über mein Leben als Single zu schreiben, und dieses Mädchen hatte meine Artikel gelesen. Und sie fragte mich: „Warum gerade jetzt? Was ist dieses Jahr anders, dass du nun doch darüber reden willst?"

„Gott", sagte ich. „Er hat mir einfach klargemacht, dass nun der richtige Zeitpunkt dafür gekommen ist."

Ohne zu zögern sagte sie: „Ich bin so froh darüber. Weißt du, wir alle brauchen Wegbereiter. Weil ich gesehen habe, dass *du* es geschafft hast, glaube ich wirklich, dass ich es auch schaffen kann."

Fast hätte ich gelacht. Wegbereiter? Liebes, wenn das Wegbereitung ist, bin ich die lächerlichste, am schlechtesten ausgerüstete, weinerlichste Anführerin, die ein Team je gesehen hat.

„Wir alle brauchen Wegbereiter. Weil ich gesehen habe, dass du es geschafft hast, glaube ich wirklich, dass ich es auch schaffen kann."

„Dein Wort ist ein Licht auf meinen Weg, wenn ich durch das Dunkel geh", singt es in meinem Kopf, während ich unter Tränen auf diesem Weg weitergehe. Ganz ehrlich, ich hatte diesen Weg nie so geplant, aber kann mein Schmerz es vielleicht einer anderen Person leichter machen?

Ob du verheiratet bist oder Single, Frau oder Mann, du bereitest mit deinem Leben den Weg für die jüngeren Männer und Frauen hinter dir. Sie selbst werden mit ihrem eigenen Gestrüpp auf dem Weg zu kämpfen haben und sie werden wiederum anderen die Richtung weisen.

Du hilfst ihnen dabei, weil du ihnen jetzt einen Weg bereitest und ihnen so ein wenig von dem Schmerz ersparst, von dem deine blutigen Arme zeugen, und weil du ihre künftigen Schritte wertschätzt, indem du ihnen einen klaren Weg aufzeigst.

Du bekommst die Chance, mutig zu leben. Dafür wurdest du geschaffen. Dafür wurdest du geboren. Es fühlt sich nie einfach an und kostet auch immer etwas. Und doch ist es das, was wir mehr als alles andere wollen.

Wenn du deinen Lebensweg weitergehst, vergiss nie, dass du eine Wegbereiterin bist.

. . . .

Sei mutig: Wo bist du eine Wegbereiterin?

Tag 80

Alles, was du hast, gehört Gott

. . . .

Dem Herrn gehört die ganze Welt
und alles, was auf ihr lebt.

Psalm 24,1

Wir werden mit einer „Meins!"-Mentalität geboren. Unsere Sachen, unser Geld, unsere Talente, unser Lebenslauf, unser Status als Mensch … All das formt unsere Identität.

Aber Gott gibt uns in Christus eine neue Identität. Jetzt gehören wir ihm. Wir sind Verwalter seiner Sachen. Deine Zeit, dein Geld, deine ganzen Ressourcen, sogar deine Geschichte – all das gehört Gott.

Es erfordert Mut, mit dieser Einstellung zu leben, denn von Natur aus wollen wir immer alles für uns beanspruchen – *meins, meins, meins!* Wir wollen für das Gute in unserem Leben Anerkennung von anderen, wir möchten diese Dinge kontrollieren, und wir wollen selbst entscheiden, wie wir unser Leben nach unseren Wünschen gestalten.

Für sich selbst zu leben? Das ist einfach. So zu leben, als ob alles, was man hat, Gott gehört (wie es ja auch tatsächlich ist)? Das ist mutig.

Lange Zeit habe ich nicht über mein Singledasein geschrieben. Und ehrlich gesagt wäre ich immer noch oft lieber der stille Single. Das wäre einfacher. Dann müsste ich niemandem all die peinlichen oder traurigen persönlichen Geschichten erzählen, die ich täglich so als Single erlebe und die du in meinen Büchern lesen kannst. Ich habe Gottes Stimme gehorcht, die mir sagte, ich solle durch meine Geschichte andere ermutigen, aber ich weiß gleichzeitig auch, wie weh das manchmal tun kann. Und eigentlich bin ich nicht stark genug, um darüber zu schreiben.

Für sich selbst zu leben? Das ist einfach. So zu leben, als ob alles, was man hat, Gott gehört (denn das ist ja tatsächlich so)? Das ist mutig.

Trotzdem ich bin immer noch am Tippen. Die Wahrheit ist: Ich tue das nicht aus eigener Kraft. Vertrau mir. Die innere Annie will kapitulieren und bettelt mich an, es sein zu lassen, wegzulaufen und einfach aufzugeben.

Doch Gott fragt mich im Inneren behutsam, ob ich bereit bin, stark für dich zu sein und diesen Teil meiner Geschichte mit dir zu teilen – denn sie gehört ihm –, so wie ich dich bitte, für andere mutig zu sein.

Jetzt ist für mich die Zeit gekommen, über mein Singledasein zu sprechen, und damit ist dies auch die Zeit, die Gott die meiste Ehre bringen wird und mir am meisten Gutes.

Was ist es in deinem Fall? Hast du vielleicht bislang zu viel Angst davor, ein erlösendes Bekenntnis abzulegen, weil du deine geheimen Sünden nicht offen zeigen willst? Hast du zu viel Angst davor, deinen Besitz wegzugeben, weil du befürchtest, dir könnte dann das fehlen, was du „brauchst", um das zu tun, was du willst?

Alles, was du hast, gehört Gott. Gott ist dir gegenüber so großzügig gewesen. Hast du den Mut zu glauben, dass Gott dir gegenüber großzügig ist, selbst wenn du nicht alles hast, was du dir wünschst? Auch wenn du unzufrieden oder verletzt bist oder gerade Zeiten erlebst, in denen du zu kämpfen hast?

Ja, Gott ist großzügig. Und alles gehört ihm. Hab also den Mut, das, was du hast, so zu verwalten, dass es anderen zeigt, wie großzügig Gott ist.

. . . .

*Sei mutig: Erstelle eine Liste all der Geschenke, die Gott dir anvertraut hat –
Geld, Zeit und so weiter. Nichts ist zu gering.
Schau dir an, was du der Welt
alles zu bieten hast!*

Tag 81

Sei großzügig mit deiner Zeit

....

Helft anderen Christen, die in Not geraten
sind, und seid gastfreundlich!
Römer 12,13

Viele Jahre lang war ich ehrenamtlich für die Uni-Seelsorge meiner Gemeinde als Gruppenleiterin tätig. Jeden Sonntag gingen wir nach dem Abendgottesdienst zusammen ins Fitnesscenter und aßen Müsli. Ja, Müsli. Studenten schaufeln das förmlich in sich hinein. Echt lustig. Eine Zeit lang war es meine Aufgabe, das Müsliessen zu beaufsichtigen.

Das war mein Lieblingsteil der Sonntagabend-Veranstaltungen. Ich konnte mit jedem Studenten reden und nach und nach eine Beziehung zu ihnen aufbauen. So komisch es auch klingen mag, dies war ein wichtiger Teil meines Dienstes, und ich habe es geliebt.

Vielleicht denkst du jetzt: *Okay, Annie ... aber gibt es nicht Menschen, die von der Kirche für so etwas bezahlt werden?*

Ja, es gibt Gemeindemitarbeiter, die vollzeitlich im Gemeindedienst arbeiten und ihren Dienst nicht nur lieben, sondern auch Gehalt dafür bekommen, damit sie davon leben können. Aber weißt du, warum ich es dennoch gemacht habe? Weil die Zeit, dir mir gegeben ist, nicht mir gehört. Gott vertraut mir, dass ich mit jedem Tag, den er mir auf dieser Erde schenkt, mutig und großzügig umgehe.

Hätte ich in der Zeit, die ich größtenteils mit dem Servieren von Müsli verbracht habe, auch etwas für meine Karriere tun oder eine Mani- und Pediküre haben können? Sicher hätte ich das. Aber ich will Gottes Zeit dafür verwenden, anderen die Liebe Gottes zu zeigen.

Und es hat mir echt Spaß gemacht. Meine Zeit für hilfsbedürftige Menschen einzusetzen und ihnen Gastfreundschaft zu erweisen – ich kann mir nichts Besseres vorstellen, was ich sonst mit meiner freien Zeit tun könnte.

Gott existiert jenseits der Zeit. Ist das nicht verrückt? Er ist nicht an unsere kleine Zeitachse gebunden, und die Zeit, die er uns geschenkt hat, wurde von ihm geschaffen und gehört ihm. Also hör mir zu: Weil Gott dir gegenüber großzügig gewesen ist, solltest du den Mut haben, auch selbstlos und großzügig mit deiner Zeit umzugehen.

Die Zeit, dir mir gegeben ist, gehört nicht mir.

Ich weiß, dass du das kannst.

Der Feind möchte dich glauben machen, dass deine Zeit so kostbar ist, dass du sparsam mit ihr umgehen musst, damit du sie für dich selbst verwenden kannst. Aber wirklich kostbar und heilig wird deine Zeit dann, wenn du sie verwendest, um anderen Menschen zu dienen, eine Kleingruppe zu leiten, mit deinem Nachbarn zu reden, was auch immer – denn wenn du anderen Menschen deine Zeit schenkst, kann Gott sie auf übernatürliche Weise lieben.

Es ist nicht leicht, anderen deine Zeit zu schenken. Das verstehe ich. Aber hast du trotzdem auch in unangenehmen Situationen, die dich von dem abhalten, was du eigentlich gern tun würdest, den Mut, großzügig mit deiner Zeit umzugehen in dem Vertrauen, dass Gott damit etwas vorhat?

. . . .

Sei mutig: *Nimm dir diese Woche ein Stunde Zeit, um jemand anderem zu dienen.*

Tag 82

Sei großzügig mit deiner Weisheit

. . . .

Wenn es jemandem von euch an Weisheit
mangelt [...], soll er Gott darum bitten,
und Gott wird sie ihm geben.
Jakobus 1,5

Da haben wir's: Die Bibel sagt uns ganz direkt, wenn wir uns
nach Weisheit sehnen und Gott darum bitten, wird er sie uns
geben. Und er gibt großzügig.

Großzügig.

Ja, Gott ist uns gegenüber so großzügig. Er gibt seinen Kindern gute Geschenke. Und so ein unglaubliches Geschenk ist
auch Weisheit – sie ist alles, um was Salomo ihn bat, und Gott
hatte Salomo gesagt, er könne ihn um *egal was* bitten (lies nach
in 2. Chronik 1,7)!

Achtung: Genau hier kommt wieder der Mut ins Spiel. Du
hast von Gott Weisheit bekommen, freigebig. (Wenn nicht,
bitte ihn darum!) Mutige Leute bieten anderen freigebig ihre

Weisheit an. Und damit meine ich nicht vorgefertigte Meinungen, sondern tatsächlich W*eisheit.*

Viele Menschen zögern und denken: *Welche Weisheit habe ich schon zu bieten? Ich bin gerade mal zwanzig!* Oder: *Ich bin gerade erst seit einem Jahr Christ. Es gibt mit Sicherheit weisere Leute, von denen andere mehr profitieren können.*

Hör mal, du weißt *immer* mehr als irgendjemand anderes.

Immer.

Es gibt immer jemanden, der deine Weisheit braucht.

Auch wenn du vielleicht erst seit drei Tagen Christ bist, gibt es jemanden, der sich morgen dafür entscheiden wird, Jesus nachzufolgen. Im Ernst. Daher hast du immer etwas zu bieten. Hast du den Mut, das zu glauben? Und auch den Mut, deine Weisheit mit anderen zu teilen?

Ich hoffe, du vergisst Folgendes nicht: Gottes Weisheit erleuchtet den Weg zum Mut. Er redet durch die Bibel und seinen Heiligen Geist und durch andere Menschen zu dir und zeigt dir so den Weg. Du zapfst seine Weisheit an. Du bittest um sie. Du tauchst in sie ein.

Er wird dir Weisheit geben und du kannst sie anderen weitergeben. Weil du Gott hast, kannst du göttliche Weisheit mit anderen teilen.

Mutige Leute bieten anderen freigebig ihre Weisheit an.

Du darfst den Mut haben, das zu glauben. Ich weiß, das kannst du. Und hab den Mut, deine Weisheit mit anderen zu teilen. Vielleicht mit jemand Jüngerem. Deinem Bruder oder deiner Schwester. Einer Cousine, die dich um Rat bittet. Vielleicht gibt es auch jemand Älteren, der neu im

Glauben ist. Bitte Gott um Gelegenheiten, deine Weisheit heute mit anderen zu teilen.

....

Sei mutig: *Bitte Gott um Weisheit in deinem*
Leben. (Ich bitte täglich darum.)
Und nimm dir heute etwas Zeit,
um jemandem zu danken, der eine weise
Stimme in deinem Leben gewesen ist.

Tag 83

Sei großzügig mit deinem Geld

....

„Niemand kann zwei Herren gleichzeitig
dienen. Wer dem einen richtig dienen will,
wird sich um die Wünsche des anderen nicht
kümmern können. Er wird sich für den einen
einsetzen und den anderen vernachlässigen.
Auch ihr könnt nicht gleichzeitig
für Gott und das Geld leben."
Matthäus 6,24

Nie werde ich den Tsunami vergessen, der 2004 Südostasien
traf. Zu der Zeit arbeitete ich als Lehrerin und wir hatten gerade
Weihnachtsferien. Als nach den Ferien die Schule wieder anfing, hatten die Schüler in meiner Klasse viele Fragen und wollten gern etwas tun, um zu helfen.

Wir beschlossen, Geld ans Rote Kreuz zu spenden, um den
Menschen ein Dach über dem Kopf zu geben und sie mit Lebensmitteln zu versorgen. Also starteten wir eine Kleingeldaktion.

Die Kinder der ganzen Schule brachten Kleingeld mit und warfen es in ein Glas. Jeden Freitag holten wir das Glas in unser Klassenzimmer und schütteten das Geld auf dem Boden aus. Eine Gruppe von Schülern sammelte 25-Cent-Stücke, eine andere 10-Cent-Stücke, ein andere 5-Cent-Stücke und eine weitere 1-Cent-Stücke. Dann packten wir die Münzen zu Geldrollen zusammen.

Hättest du geglaubt, dass wir innerhalb eines einzigen Monats über tausend Dollar zusammenbekommen würden? (Und dass kein einziger Cent von meinen Schülern eingeheimst wurde?) Wir konnten damit mehr als zwanzig Familienzelte für die Menschen in Asien finanzieren. Als die Kleingeldaktion begann, hatte ich nicht geglaubt, dass wir ein solches Ergebnis erzielen würden, vor allem da die Aktion in der Verantwortung von fünfundzwanzig Fünftklässlern lag. Aber mit ihren lieben Händen sammelten sie Kleingeld, rollten es ein und schrieben Briefe an alle Eltern der Schule. Sie waren Diener. Und Gott wurde durch ihre Opfergabe geehrt.

Jesus sagte, man könne nicht gleichzeitig für Gott und das Geld leben. Das funktioniert einfach nicht. Vielleicht meinst du, du würdest Geld nicht mehr lieben als Gott, aber wofür gibst du dein Geld denn aus?

Verwendest du dein Geld auf eine Art und Weise, die Gott ehrt?

Verwendest du es auf eine Art und Weise, die ihn ehrt? Verwendest du es so, dass es seinem Volk dient? Oder gehst du verantwortungslos mit deinem Geld um und lebst auf Kredit?

Gott segnet uns, wenn wir unseren Zehnten und Spenden für ihn geben. Er benutzt dieses Geld, um seine Liebe unter den Menschen zu verbreiten, und wenn wir großzügig sind, werden wir so reich von ihm gesegnet.

Einfach ist das nicht, ich weiß. Aber hast du den Mut zu glauben, dass du trotzdem genug haben wirst, auch wenn du großzügig mit deinem Geld umgehst?

Führe dein Leben in Gehorsam gegenüber Gottes Wort und sei großzügig mit deinem Geld. Geh heute diesen mutigen Schritt und sieh, wie Gott andere – und dich – dadurch segnet.

. . . .

*Sei mutig: Spende heute ein bisschen Geld –
an eine christliche Gemeinde, eine Organisation,
einen Freund oder eine Gruppe,
von deren Arbeit du überzeugt bist.*

Tag 84

Sei großzügig mit deinen Worten

. . . .

Ein freundliches Wort ist wie Honig: angenehm
im Geschmack und gesund für den Körper.
Sprüche 16,24

Mutige Menschen lassen sich von Gottes Wort inspirieren und bringen durch ihre Worte Liebe in das Leben anderer Menschen. Mutige Menschen lassen sich von Gott lieben und wissen, dass sie so bestens ausgerüstet sind, um mit ihren Worten anderen Liebe zu bringen.

Der heutige Vers ist so schön und so wahr. Warst du schon mal mit jemandem zusammen, dessen Worte einfach nur wehtun? Wir können mit unseren Worten andere verletzen, negativ sein, lästern und uns beschweren.

Oder aber wir können den Mut haben, hinaus in diese negative, zynische Welt zu gehen, in der Menschen Tratsch und Negatives hören wollen, und können großzügig mit unseren Worten sein und sie verwenden, um anderen Leben zu bringen.

Wenn das unser Ziel ist – wenn wir jeden Tag großzügig und gütig sein und anderen mit unseren Worten Liebe bringen wollen –, werden unsere negativen Einstellungen und Gewohnheiten langsam verschwinden. Du wirst aufhören zu fluchen, weil das nicht zu der Art von Person passt, die du sein willst. Du wirst zurückhaltend mit Sarkasmus sein, weil du dir nicht vorstellen kannst, jemanden mit deinen Worten zu verletzen, auch wenn es unbeabsichtigt ist. Die unangemessenen Witze werden zwar immer noch in deinem Kopf auftauchen, aber du lässt sie nicht mehr so leicht aus deinem Mund heraus.

Wenn wir unsere Gedanken gewissenhaft und regelmäßig mit Gottes Wort füllen, werden die unbedeutenden Dinge daraus verschwinden. Gott macht uns immer wieder neu und wir können bewusst und großzügig mit unseren Worten umgehen, uns selbst, anderen und Gott gegenüber.

Ich hoffe, dass du heute einen Brief schreiben wirst. An irgendwen. An Leute, die es brauchen, dass Worte des Lebens in ihr Herz fließen. Ich hoffe, dass du dich für Leute einsetzen wirst, die selbst dazu nicht in der Lage sind. Und ich hoffe, dass du nachdenken wirst, bevor du redest, und dann Worte wählst, die Leben schenken, nicht solche, die töten.

Mutige Menschen bringen durch ihre Worte Liebe in das Leben anderer Menschen.

Sei mutig. Sei anders in einer Welt, in der Worte benutzt werden, um Menschen zu verletzen. Benutze deine Worte, um zu heilen, und tu dies oft. Gib die Worte des Lebens, die man in der Bibel findet, an so viele Leute wie möglich weiter.

. . . .

Sei mutig: Schreibe einen Brief an jemanden,
den du lieb hast und der in letzter Zeit sehr
wichtig für dich gewesen ist.
Wenn möglich, schicke ihn per Post,
damit er oder sie eine Überraschung im
Briefkasten findet!

Tag 85

Sei großzügig mit deinem Zuhause

....

Pass auf, dass du Dinge nicht als
selbstverständlich ansiehst und nachlässig
darin wirst, dich für das Allgemeinwohl
einzusetzen. Teile dein Hab und Gut mit
anderen. Gott freut sich besonders über die
Anbetung – eine andere Art von „Opfer" –,
die wir ihm in der Küche und an unserem
Arbeitsplatz und auf der Straße
zuteilwerden lassen.
Hebräer 13,16 (aus The Message)

Meine erste große Liebe war Bill. Er war ein großer, blonder
Sechzehnjähriger. Ich war drei. Er war etwas scheu und still,
aber mit mir hat er immer geredet. Und er hat mir zugehört,
weil ich damals schon (wie auch heute noch) viel geredet habe.
Er liebte es, beim Abendessen neben mir zu sitzen. Nie hat er
eine Familienfeier verpasst. Zu meinem dritten Geburtstag

schenkte er mir eine Plastikkamera – der Blitz war ein kleiner, bunter Würfel auf einer Ecke der Kamera, der sich drehte, wenn man den Knopf drückte.

Ich war mir sicher, dass er der coolste Mensch war, den es jemals auf der Welt gegeben hatte. Bill war Papas „kleine Bruder" im Rahmen des „Großer Bruder/große Schwester"-Programms, das vom Jugendclub unserer Stadt organisiert wurde.

Großzügig mit seinem Zuhause umzugehen ist nicht einfach.

Ich habe so viele deutliche Erinnerungen an Bill. Mein Vater holte ihn ein paarmal im Monat ab und brachte ihn zu uns nach Hause, wo er dann den ganzen Tag blieb, manchmal auch übers Wochenende.

Ich weiß noch, wie er auf der Couch saß, als ich dieses Geburtstagsgeschenk auspackte, und ich habe noch immer sein Gesicht vor Augen, wie er lächelte und lachte, als ich ihn mit meiner Plastikkamera fotografierte und der Blitz klickte und sich drehte. In dem Spielzeug war kein Film, aber er hat sich nie anmerken lassen, dass er das wusste.

Mein Vater kannte Bill schon seit langer Zeit, denn er war sein Partner in diesem Programm gewesen, seit Bill acht Jahre alt war. Aber da er meine erste große Liebe war, konnte ich gar nicht genug Zeit mit ihm verbringen. In der Weihnachtszeit des Jahres 1983 kam Bill bei einem Autounfall ums Leben. Wir kamen von einem weihnachtlichen Treffen der Familie meiner Mutter in Macon, Georgia, zurück und Papas Vater wartete schon auf uns in der Hofeinfahrt. Ich habe noch immer Opa Jack vor Augen, wie ich ihn durch die Windschutzscheibe sah, wo er neben seinem Auto stand und darauf wartete, meinem Papa die traurige Nachricht zu überbringen.

Am Beispiel von Bill, an seinem Leben und seinem Tod, hat mein Vater mich etwas gelehrt, das er mir immer wieder im Laufe meines Lebens mitgegeben hat: Hab den Mut, die Menschen um dich herum zu lieben, auch wenn es vielleicht wie ein Opfer aussehen mag und sich vielleicht wie ein Verlust anfühlt.

Meine Eltern hießen Bill in unserem Zuhause willkommen. Immer wieder. Sie behandelten ihn, als sei er ein Teil der Familie. Und weißt du was? Wir haben ihn verloren. Und unsere Herzen wurden gebrochen.

Aber als Bill auf der Erde war, teilten wir unser Zuhause und unsere Familie mit ihm.

Für viele ist ihr Zuhause ein Zufluchtsort. Ein Ort, an dem man sich von einer Welt zurückziehen kann, die so rau und so dunkel sein kann. Und großzügig mit seinem Zuhause umzugehen ist nicht einfach. Vielleicht möchte man lieber unter sich bleiben. Vielleicht will man seine Zeit nicht mit anderen teilen. Vielleicht hat man sogar Angst, es könnte sich eine enge Beziehung zu jemandem entwickeln, und dann verliert man den Menschen wieder, den man in sein Leben gelassen hat, so wie wir Bill verloren haben.

Aber mutige Menschen erkennen, dass sie ihr Zuhause benutzen können, um andere mit der Liebe Christi zu lieben. Mutige Leute gehen großzügig mit ihrem Zuhause um. Mutige Leute teilen ihren Besitz mit anderen – sogar ihre Zufluchtsorte.

Ob du nun jemanden bei dir wohnen lässt oder zum Abendessen einlädst – es gibt sicher auch etwas, das du tun kannst.

Als ich aufwuchs, besonders während meiner Zeit auf der Uni, war da eine Familie, die mir das Gefühl gab, ich könnte immer zu ihnen kommen. Und weißt du was? Für mich war ihr Haus wie ein zweites Zuhause. Diese Familie war ein Vorbild für mich, denn sie zeigte mir, dass man sich nicht immer so an das Eigene klammern sollte. Man kann auch anders leben. Sei großzügig mit deinem Zuhause.

. . . .

Sei mutig: Lade jemanden zu dir nach Hause zum Abendessen ein. Teile eine Weile dein Familienleben mit ihr oder ihm, schenke deinem Gast deine Aufmerksamkeit und kümmere dich um ihn.

Tag 86

Was du hast, sollte dein Umfeld verändern

....

Sag ihnen, sie sollen es Gott gleichtun,
der uns so unglaublich reich beschenkt –
sie sollen Gutes tun, anderen gern helfen,
äußerst großzügig sein.
Wenn sie dies tun, schaffen sie sich einen
Schatz, der von Dauer sein wird –
sie gewinnen ein Leben,
das das wahre Leben ist.
1. Timotheus 6,18–19 (aus The Message)

Mutige Menschen verleugnen sich selbst und dienen anderen. Mutige Menschen nehmen, was Gott ihnen geschenkt hat, und schenken es großzügig weiter. Deine Ressourcen sollten Spuren hinterlassen, wo auch immer du hingehst.

Deine Zeit. Dein Geld. Deine Talente.

Diene diese Woche doch mal jemandem mit deinen Händen.

Erlaube es dem Herrn, dich zu den Menschen zu führen, die eine liebevolle Berührung brauchen, und umarme sie.

Durch deine Umarmung, die Berührung und die Liebe, mit denen du den Menschen begegnest, können sie verändert werden – du hast ihnen die Liebe Christi auf eine greifbare Art und Weise gezeigt.

Dein Zuhause sollte sich verändern, weil du darin bist. Deine Familie und die Wände, die dich umgeben, sind dein Missionsfeld. Betrachte dein Zuhause als einen Ort, an dem du lieben und vergeben und einen Unterschied machen kannst.

Deine Ressourcen sollten Spuren hinterlassen, wo auch immer du hingehst.

Ich erzähle dir ein Geheimnis: Ich bin eine ziemlich selbstsüchtige Person. Manche Menschen auf dieser Welt sind von Natur aus Diener. Sie denken instinktiv zuerst an andere, übernehmen häufig Freiwilligendienste und haben dabei auch irgendwie die meiste Zeit ein Lächeln im Gesicht. Wenn du so bist, dann herzlichen Glückwunsch! (Und ich bitte dich demütig, mir beizubringen, wie ich sein kann wie du.) Aber ich bin leider nicht so. Ich muss mich bewusst dafür entscheiden und daran arbeiten, mich mehr um andere zu kümmern als um mich selbst.

Weil ich will, dass die Orte, an die ich gehe, von Gottes Liebe berührt werden.

Auch deine finanziellen Mittel, ob du nun viel oder wenig hast, sollten in dieser Welt einen Unterschied machen – indem du mit ihnen das Reich Gottes unterstützt.

Bitte gib anderen von dem ab, was du hast. Hab den Mut, dich selbst, deine Wünsche, dein Geld und deine Zeit an die zweite Stelle zu setzen, damit das, was du hast – was Gott dir anvertraut hat –, einen Unterschied macht, wo auch immer du hingehst.

. . . .

*Sei mutig: Schreibe auf,
wie du auf mutige Weise
großzügig sein kannst.*

Hab den Mut, da zu sein, wo du bist

Sei genau da präsent, wo du bist.

Tag 87

Heilige Orte

. . . .

„Komm nicht näher!", befahl Gott.
„Zieh deine Schuhe aus,
denn du stehst auf heiligem Boden!"
2. Mose 3,5

Im Alten Testament hören wir immer wieder von Orten, an die Gott hinkommt, und diese Orte sind heilig. Mose musste seine Schuhe ausziehen, um in Gottes Gegenwart sein zu dürfen.

Aber wir haben Jesus. Der Heilige Geist lebt in uns. Wir sind nicht länger an die alttestamentlichen Gesetze gebunden. Wir müssen in keine Stiftshütte gehen, um bei Gott zu sein. Wir müssen nicht unsere Schuhe ausziehen. Wir können einfach mit ihm reden, wenn wir im Bett liegen oder unsere Nägel lackieren oder Wäsche zusammenfalten oder Zahlen in eine Tabelle eingeben.

Weil wir durch Jesus einen so tollen Zugang zum Vater haben, kann es leicht passieren, dass wir selbstzufrieden werden und vergessen, dass Gott heilig ist und ihm unsere Ehrfurcht gebührt.

Ja, wir können überall mit ihm reden, aber ich glaube, dass es sehr wichtig ist, auch einen „heiligen Ort" für die Begegnung mit ihm zu haben. Wenn man das nicht hat, ist es schwer, sich der Tatsache bewusst zu werden, dass wir einem heiligen Gott gegenübertreten. Wir sind Menschen und vergessen nun mal leicht, dass Gott Gott ist und ihm unsere Verehrung gebührt.

> *Ja, wir können überall mit Gott reden, aber es ist sehr wichtig, auch einen „heiligen Ort" mit ihm zu haben.*

Hast du einen Platz in deinem Zuhause, wo du Zeit mit Gott verbringst?

Für mich ist das mein Sessel mit dem Wirbelmuster. Er ist kakibraun, was fast schon leicht golden aussieht, und hat dieses tolle schwarze Wirbelmuster. Er sieht aus wie ein normaler schöner Sessel, aber für mich ist er heilig. Etwas Besonderes.

Dort setze ich mich hin, wenn ich mit Gott rede, sein Wort lese und seine Nähe suche.

Es ist nicht der *einzige* Ort, an dem ich dies tue, aber eben ein besonderer Ort.

Mutige Leute tun Dinge bewusst und du musst bewusst Zeit mit Gott verbringen. Du kannst nicht erwarten, mutig zu sein, wenn du keine Zeit mit ihm verbringst – weil die Zeit mit ihm der Grund ist, weshalb du mutig sein kannst.

Finde deinen heiligen Ort. Er muss nichts Besonderes sein. Das Wirbelmuster auf deinem Sessel muss nicht aus echtem

Gold sein. Finde einfach einen Platz in deinem Zuhause und mache ihn zu einem heiligen Ort.

. . . .

Sei mutig: *Hast du einen „heiligen Ort"?*
Wo ist er? Was bedeutet er dir?
Wenn du keinen Ort hast, der für dich heilig ist,
finde einen! Schaffe einen!

Tag 88

Sei da präsent, wo du bist

. . . .

„Und so lautet mein Gebot:
Liebt einander,
wie ich euch geliebt habe."
Johannes 15,12

Der Missionar Jim Elliot sagte einmal: „Wo auch immer du bist,
sei ganz da."

Das ist wirklich wichtig. Wo auch immer du lebst, arbeitest,
Zeit verbringst, sei ganz da. Damit mir selbst das gelingt, muss
ich manchmal bewusst mein Handy beiseitelegen.

Hast du das in letzter Zeit mal getan? Einfach dein Handy
beiseitegelegt und es eine Weile ignoriert?

Unsere Kultur leidet unter dieser ganzen „FOMO" – „fear of
missing out", das heißt, unter der chronischen Angst, etwas zu
verpassen.

Wir schauen ständig auf unser Smartphone. Facebook.
Instagram. Twitter. E-Mail. WhatsApp. Wir wollen nichts

verpassen … aber wenn meine Augen aufs Handy gerichtet sind, verpasse ich in gewisser Hinsicht eigentlich alles.

Gott liebt uns so sehr, dass er uns alles von ihm gab, und er möchte von uns, dass wir andere so lieben, wie er uns geliebt hat. Andere zu lieben heißt, bei ihnen zu sein in ihrem Schmerz und in ihrer Freude. Es heißt, ganz da zu sein.

Vielleicht spielt das Handy für dich keine große Rolle. Vielleicht ist es bei dir das Fernsehen oder ein gutes Buch. Aber du weißt, womit du dich beschäftigst, wenn du dieser Welt entfliehen willst. Jeder braucht ab und zu eine Auszeit,

Andere zu lieben heißt, ganz da zu sein.

aber lass nicht zu, dass diese Dinge dich permanent der Realität entreißen. Leg das Handy, die Fernbedienung und das Buch auch mal zur Seite.

Hast du den Mut zu glauben, dass du dennoch nichts verpasst? Hast du den Mut zu glauben, dass du dort, wo du bist, ganz sein kannst, und dass dies genau der Ort ist, an dem du sein sollst?

Denn das ist die Wahrheit.

Denk mal über die Menschen nach, die Jesu Liebe ausstrahlen. Wenn du mit ihnen redest, sind sie dann mit ihren Gedanken woanders? Machen sie verschiedene Sachen gleichzeitig? Ich wette, das tun sie nicht. Ich wette, sie sind ganz bei dir. Ich wette, sie hören aufmerksam zu, und wenn sie für dich beten, dann ganz gezielt, denn sie haben den Mut, ganz da zu sein.

Nimm dir heute vor, ganz da zu sein, wo du bist.

....

Sei mutig: *Was wäre, wenn du dein Handy einfach mal für ein paar Stunden beiseitelegst? Oder für einen Tag? Leg es irgendwo hin und geh weg. Vielleicht tut das Gefühl, du könntest etwas verpassen, etwas weh, aber lass dich auf dieses Gefühl ein!*

Tag 89

Wo du Gott triffst

. . . .

Der Himmel soll sich freuen und
die Erde in Jubel ausbrechen!
Das Meer mit allem, was in ihm lebt,
soll zu seiner Ehre brausen und tosen!
Psalm 96,11

Eines Morgens wachte mein Herz vor meinem Kopf auf. Und
während mein Gehirn mir sagte: *„Schlaf weiter, Liebes"*, wusste
mein Herz, dass ich etwas tun sollte. Ich bin lange genug ich
selbst, um zu wissen, wann ich auf den kleinen Anschubser, den
ich ab und zu bekomme, reagieren sollte.

Also stand ich auf, zog mich an, ging zum Wasser und kletter-
te auf den Strandwächterturm Nummer 52 auf dem Newport-
Strand in Südkalifornien. Ich fragte Gott, was so wichtig sei,
denn ich nahm an, dass er etwas mit mir zu bereden hatte, da
ich ganz klar nicht grundlos aufgewacht war.

Aber da war nichts.

Keine Agenda.

Kein Thema.

Es waren nur wir zwei.

Einfach dasitzen. Einfach sein.

Einfach zusammen.

Ich hörte mir Anbetungsmusik an, ein Album von Brian und Jenn Johnson, und Tränen stiegen mir in die Augen. Nach all den gemeinsamen Jahren ist es so schön, wenn Gott mich manchmal einfach aufweckt, damit wir Zeit miteinander verbringen.

An diesem Morgen begegnete ich Gott in der Natur. Seine schöpferische Kraft lässt etwas tief in meiner Seele wachsen. Ich blickte auf den grenzenlosen Ozean, den er allein durch Worte erschuf, und dachte daran, wie sehr er mich liebt.

Seine Liebe macht mich mutig, und es gibt keinen Ort, an dem ich Gott so gern begegne wie inmitten seiner Schöpfung. In der Natur.

Zuhause gehe ich oft an den Radnor See. Die Gegend ist wunderschön, und wenn ich dort spazieren gehe, kann mein Herz gar nicht anders, als Gott anzubeten.

> *Es gibt keinen Ort, an dem ich Gott so gern begegne wie inmitten seiner Schöpfung.*

Wenn du Zeit in Gottes Schöpfung verbringst, in seiner Gegenwart, wird er dich mutig machen. Du kannst mutig sein, weil du Gott gehörst. Verbring heute Zeit in seiner Schöpfung, auch wenn du nur aus deinem Bürogebäude trittst und dich unter einen Baum setzt, und denke daran, wie sehr du geliebt wirst und wie mutig du deshalb sein kannst.

. . . .

Sei mutig: Lade dir ein Album mit Anbetungsmusik herunter (zum Beispiel „After All These Years" von Brian und Jenn Johnson). Geh raus in die Natur und genieße dabei die Musik.

Tag 90

Dein Zuhause

....

Durch Christus seid ihr dazu berufen,
frei zu sein, liebe Brüder und Schwestern!
Aber benutzt diese Freiheit nicht als Deckmantel,
um eurem alten selbstsüchtigen Wesen
nachzugeben. Dient vielmehr
einander in Liebe.

Galater 5,13

Je länger ich lebe, desto klarer wird mir, dass sich Mut auch oft in Form eines Opfers oder Dienstes zeigt. Zum Beispiel etwas von den Orten abzugeben, wo man sich am geborgensten fühlt, kostet so einiges. Unser Zuhause ist der Ort, an dem wir Ruhe und Frieden finden. Wenn wir also etwas davon abgeben, etwas von diesem Ort opfern, opfern wir eine Menge. Ich halte das für mutig.

Als ich von Schottland zurück nach Nashville zog, wusste ich nicht, wo ich wohnen sollte.

Meine gesamte Habe war irgendwo im Westen von Nashville eingelagert und ich hatte keine Adresse mehr. Es war Thanksgiving und mein Plan war, bis Weihnachten etwas zu finden.

> *Unser Zuhause ist der Ort, an dem wir Ruhe und Frieden finden. Wenn wir also etwas von diesem Ort opfern, opfern wir eine Menge.*

Bevor ich Nashville im Sommer zuvor verließ, hatte ich mit meinen Freunden Luke und Heather darüber gewitzelt, dass ich nach meiner Rückkehr bei ihnen einziehen würde. Irgendwann im Herbst kontaktierte mich Luke dann über Skype und sagte, der Witz sei ein wirkliches Angebot. Ich sei herzlich willkommen, ein paar Wochen bei ihnen zu wohnen, während ich auf Wohnungssuche sei.

Ich unterbrach ihr gewohntes Leben. Mit mir kam eine weitere Person in ihren Zweipersonenhaushalt. Ich brauchte einen Schlüssel und ein Bett und ein Badezimmer und Internetzugang.

Als ich nach sechs Monaten aus Europa zurückkam, hatte ich die Sorge, es könnte ein umgekehrter Kulturschock auf mich warten. So was gibt es wirklich. Wenn man von einer fremden Kultur umgeben ist und versucht, sie sich zu eigen zu machen, und dann wieder nach Hause kommt – das kann eine normal zurechnungsfähige Person schon ganz schön aus der Bahn werfen. (Und ich bin nicht normal zurechnungsfähig. Das muss man hier ebenfalls einkalkulieren.)

Aber im Zusammenleben mit Luke und Heather erfuhr ich so viel Geborgenheit, Wärme und Freundlichkeit. Wir schmückten den Weihnachtsbaum, schauten uns in Jogginganzügen Filme an und aßen auswärts bei *Edley's*, dem neuen Grillrestaurant in der Nachbarschaft. Bald wohnte sogar noch ein weiterer Freund bei uns, Adam, und so wurden wir in der Weihnachtszeit zu einer kleinen vierköpfigen Familie.

Ich glaube, Lukes und Heathers Opfer bewahrte mich vor dem Schmerz, der mit der Wiedereingewöhnung in Nashville und Amerika verbunden gewesen wäre. Das glaube ich wirklich.

Der Neujahrstag kam und noch immer hatte ich keine Wohnung gefunden. Aus Wochen wurden ungeplant Monate und erst Mitte Februar packte ich meine Sachen und zog in ein Haus in der gleichen Straße.

Luke und Heather haben sich nie beschwert. Wir haben mehrmals offen und ehrlich darüber gesprochen, aber sie hörten nicht auf, etwas von dem abzugeben, was ihnen gehörte – ihren Platz, ihre Zeit, ihr Geld und ihr Herz.

Es ist mutig, eine Person, die nicht zu deiner Familie gehört, in deinem Haus leben zu lassen.

Wie kannst du in deinem Zuhause mutig sein im Zusammenleben mit deinen Mitbewohnern? Kannst du vielleicht jemanden einladen, eine Weile zu bleiben? Hast du den Mut, freundlich mit deinem Ehepartner umzugehen? Kannst du die Erste sein, die den Geschirrspüler ausräumt? Kannst du auch dann den Müll rausbringen, wenn eigentlich jemand anderes dran wäre? Wie sieht Dienen und Mut in deinem eigenen Zuhause aus?

Hast du den Mut, deinen Platz zu finden, auch wenn er genau hier ist? Auch wenn dein Platz dein Zuhause ist?

. . . .

Sei mutig: Danke Gott für dein Zuhause,
für den Ort, an dem du lebst,
und frag ihn, wie du mutig mit deinem Zuhause
umgehen kannst.

Tag 91

Deine Nachbarschaft

. . . .

„Ebenso wichtig ist das andere Gebot: ‚Liebe
deinen Nächsten wie dich selbst.' Kein anderes
Gebot ist wichtiger als diese beiden."

Markus 12,31

Jesus sagte, dass das zweite höchste Gebot neben dem, dass wir
Gott lieben sollen, jenes ist, dass wir auch unsere Mitmenschen
lieben sollen (oder „unseren Nächsten", wie es in vielen Bibel-
übersetzungen heißt). Hier also meine Frage: Was wäre, wenn
Jesus damit wirklich die Menschen gemeint hat, die um dich
herum leben?

Wir können selbstverständlich diesen Vers auch so deuten,
dass damit andere Menschen ganz allgemein gemeint sind, zum
Beispiel unsere Nächsten auf einem anderen Kontinent oder unsere Nächsten in der Kassenschlange und so weiter.

Aber es gibt auch Leute, die räumlich gesehen deine Nächsten sind – deine Nachbarn: Viele Seelen um dich herum, die

Hoffnung brauchen und erfahren müssen, dass man diese Hoffnung in Jesus finden kann.

Wer sind denn diese Nachbarn? Es sind die Mütter, die mit dir im Fitnessstudio trainieren. Die Leute an deiner Schule. Geh aus der Haustür und dreh dich um 360 Grad: Die Menschen dort sind deine Nachbarn. Kennst du sie? Wer sind sie? Womit verdienen sie ihr Geld, womit dienst du ihnen und wie wichtig sind sie dir?

Mein Vater lebt die Überzeugung, dass einem die Menschen, die uns am nächsten sind, nicht egal sein sollten.

Einer der besten Freunde meines Papas seit Kindertagen zog seine drei Jungs praktisch alleine groß. Oft ging mein Vater mit den Jungs etwas essen oder holte sie ab, um Zeit mit ihnen zu verbringen und auf den Spielplatz zu gehen. Er half Familien mit ihrer Buchhaltung, auch wenn sie sich seine Unterstützung eigentlich nicht leisten und ihn nicht bezahlen konnten (ein- oder zweimal bekamen wir etwas Frisches aus ihrem Garten als Bezahlung). Er traf sich mit einer meiner Freundinnen, als sie ihren Job verloren hatte und nicht wusste, wie sie nun ohne ihr Gehalt zurechtkommen sollte. Ja, mein Papa ist wirklich ein schlauer Kopf, der immer einen guten Rat parat hat ...

Du darfst den Mut haben, die Menschen um dich herum wirklich zu sehen, statt nur an ihnen vorüberzugehen.

Mein Vater dient unserer örtlichen Gemeinschaft mit seiner Zeit, seinem Geld und seiner Weisheit. Einfacher wäre es, wenn er sich nur um unsere Familie sorgen müsste. Glaub mir: Wir geben ihm genug Anlass zur Sorge. Stattdessen kümmert er sich um viele Familien und tut, was immer er kann, um ihnen zu helfen. Einfacher wäre es, er würde sich nur um seine eigene Firma sorgen, aber er hat sich dafür entschieden, sich auch um andere und ihre Lebenssituationen zu kümmern.

Marietta im Bundesstaat Georgia ist ein besserer Ort, weil meine Eltern dort leben.

Was ist in deiner Nachbarschaft anders, weil du dort lebst? Du darfst den Mut haben, die Menschen um dich herum wirklich zu sehen, statt nur an ihnen vorüberzugehen. Du darfst den Mut haben, ihnen zu dienen und sie zu lieben, und Gott wird dich gebrauchen. Du wirst deinen Auftrag ausleben und ein Licht in dieser dunklen Welt sein.

. . . .

Sei mutig: Stell dich einem Nachbarn vor, den du noch nicht kennst. Schließe eine neue Freundschaft mit jemandem, der in deiner Nähe wohnt.

Tag 92

Deine Stadt

....

„Bemüht euch um das Wohl der Stadt, in die ich
euch wegführen ließ, und betet für sie. Wenn es
ihr gut geht, wird es auch euch gut gehen."
Jeremia 29,7

Gott hat dich nicht ohne Grund in deine Stadt gesetzt. Auch
wenn du dir wünschst, du würdest jetzt woanders leben, auch
wenn du dich für einen begrenzten Zeitraum auf einer Militär-
basis befindest, auch wenn du von etwas Größerem träumst.
Was bedeutet es, die Stadt zu lieben, in der du bist?

Warum ist dein Platz auf der Landkarte gerade *hier*? Warum
hast du entschieden, dass genau diese Stadt unter all den Städ-
ten der Welt dein Zuhause sein soll? Vielleicht hast du sie dir
gar nicht ausgesucht. Vielleicht hat sie dich ausgesucht. Aber du
bist da.

Wenn du dir dich selbst als ein Puzzle aus unzähligen Teilen
vorstellst, ist deine Postleitzahl ein wichtiges Teil.

In meinem letzten Highschool-Jahr stand ich mitten auf dem Marktplatz von Ciudad Cortes in Costa Rica und erklärte anderen mithilfe eines Dolmetschers das Evangelium. Aber gleichzeitig war einer meiner besten Freunde auf der Highschool nicht gläubig und mit ihm redete ich gar nicht über Jesus.

Warum erfordert es manchmal mehr Mut, zu Hause über Jesus zu sprechen als anderswo? Warum bin ich eher bereit, mich für eine Missionsreise nach Mexiko anzumelden, als den Obdachlosen im Stadtzentrum von Nashville zu dienen?

Weil zu Hause mutig sein weniger Abenteuer und mehr Dienst bedeutet.

Als meine Kleingruppe von Studentinnen ihren Jahrestag feierte, beschlossen wir, anderen Menschen etwas Gutes zu tun.

Wir fuhren in die Innenstadt von Nashville und gingen zu einer großen Autobahnbrücke, unter der sich viele Menschen versammelt hatten. Eine Lobpreisband spielte und benutzte dabei eines dieser Soundsysteme, von denen mir die Ohren wehtun – eins von der Art, die wohl auch ein Wanderprediger in den Achtzigern verwendet hätte. Obdachlose saßen in zahlreichen Stuhlreihen. Jeder von ihnen hatte einen Teller mit Essen auf dem Schoß, während Freiwillige umherliefen und sich darum kümmerten, dass alle versorgt wurden.

Was bedeutet es, die Stadt zu lieben, in der du bist?

Das passiert jeden Dienstagabend in unserer Stadt. Der Brücken-Missionsdienst versorgt obdachlose Männer, Frauen und Kinder mit einer reichhaltigen und gesunden Mahlzeit, und dann erzählt jemand, wie Gott sein Leben verändert hat. Wenn die Leute wieder gehen, füllen die Mitarbeiter Beutel mit frischen Lebensmitteln, die von den örtlichen Lebensmittelläden gespendet wurden.

Meine Kleingruppe und ich waren vorher noch nie da gewesen, aber unsere Gemeinde ist regelmäßig einmal im Monat an einem Dienstagabend dabei, also wussten wir, dass wir bei einer guten Sache mitmachen würden.

Die Mädchen waren nervös und blieben in den ersten Minuten so nah bei mir wie Küken bei der Henne. Aber dann reihten sie sich in die Gruppe der anderen Freiwilligen ein und begannen zu dienen. Sie trugen Essen. Halfen anderen, einen Platz zu finden. Gaben am Ende des Abends Früchte, Gemüse oder große Beutel mit Brot aus. Wir waren nur ein paar Stunden dort, aber diese Erfahrung hinterließ einen nachhaltigen Eindruck bei uns allen.

Es erfordert Mut, an neuen Orten nur ein paar Straßen weiter zu dienen. Deshalb war ich so stolz auf meine Mädels, die sich einfach voll und ganz auf diese Erfahrung einließen, obwohl sie nicht wussten, was sie erwarten würde.

Du kannst genau hier mutig sein. Genau hier in deiner Stadt.

. . . .

Sei mutig: Übernimm einen Freiwilligendienst in deiner Stadt. Diene dem Ort, an dem du lebst, auf irgendeine Art und Weise.

Tag 93

Dein Land

. . . .

Jeder soll sich den Behörden und Amtsträgern
des Staates unterordnen. Denn es gibt keine
staatliche Macht, die nicht von Gott kommt;
jede ist von Gott eingesetzt.

Römer 13,1

Während ich dieses Kapitel schreibe, befinden wir uns an einem
seltsamen Punkt der amerikanischen Geschichte. Gerade wurde Donald Trump zum Präsidenten der Vereinigten Staaten gewählt, und in unserem Land gibt es viele Menschen, die darüber
nicht glücklich sind – und leider auch viele, die es sind.

Manche sind unglücklich, weil sie nicht wollten, dass er Prä-
sident wurde. Manche haben nur für ihn gestimmt, weil sie keine bessere Alternative gesehen haben. Und auch seine Unter-
stützer sind nicht gerade überglücklich, denn sie müssen mit der
Empörung auf der anderen Seite umgehen. Scheinbar ist niemand so wirklich glücklich.

Die Nation ist gerade sehr gespalten. Aber in Gottes Wort sehen wir, dass mutige Menschen auch in der Frage, wer Autorität über sie hat und wer nicht, auf Gott vertrauen.

Am Tag nach Trumps Sieg sagte der Moderator der *Late Show*, Stephen Colbert, in etwa Folgendes: „Dein Land ist wie deine Familie – du verlässt sie nicht einfach, wenn du unglücklich bist."

Was heißt das für dich? Wünschst du dir auch, dein Land wäre anders, als es ist?

Egal, wie die Regierung deines Landes momentan aussieht: Du kannst trotzdem mutig sein.

Was heißt es praktisch, den Mut zu haben, deinem Land treu zu bleiben und es zu respektieren, auch wenn du nicht mit allem einverstanden bist, was deine Regierung macht?

Mutig sein heißt zu beten. Dafür, dass deine Regierung zu Christus findet. Es heißt, die Menschen in deinem Land zu lieben und an deinen biblischen Werten festzuhalten.

Egal, wie die politische Situation aussieht, während du dieses Buch liest – du kannst auch in dieser Situation mutig sein. Mach weiter.

> *Mutige Menschen vertrauen auch in der Frage, wer Autorität über sie hat und wer nicht, auf Gott.*

Sei mutig: Bete für die Regierung deines Landes.

Tag 94

Die Welt

....

Dann sagte er [Jesus] zu ihnen:
„Geht hinaus in die ganze Welt und verkündet
allen Menschen die rettende Botschaft."
Markus 16,15

Hast du schon mal an einer Missionsreise teilgenommen? Hast
du jemals dein Heimatland verlassen, um in anderen Ländern
von Jesus zu erzählen?

Wenn nicht, kann ich dir das nur wärmstens empfehlen. Du
musst andere Orte in der Welt kennenlernen, weil du sehen
musst, wie die Menschen dort mit Gott leben.

In jeder Stadt der Welt leben Menschen. Männer und Frauen
wie du. Typen wie dein Bruder. Eltern wie die deines besten
Freundes. Lehrerinnen wie die, die dir eine Eins in Chemie gab,
obwohl du sie vielleicht nicht verdient hattest. Momentan leben auf der Erde fast sieben Milliarden Menschen. Jeden Tag
werden über 350 000 Babys geboren. Das ist etwa die Hälfte der

Gesamtbevölkerung von Alaska. Ganz schön viele Menschen. Jede einzelne Person hat einen Namen. Ein Gesicht. Ein Herz, das die gute Nachricht von Jesus hören muss.

Es ist egal, ob deine Missionsreise sechs Tage oder sechs Monate dauert – wenn du hinaus in die Welt gehst, tauschst du dein Leben gegen ein fremdes Leben ein. Und das erfordert Mut.

Möchtest du sehen, wie Gott auf der ganzen Welt verherrlicht wird? Dann musst du es wagen, Mut in all seinen Ausprägungen zu erforschen. Und wir müssen *es* tun. Ich kann nicht in dein Leben sehen, um dir zu sagen, was *es* heute für dich ist. Aber ich weiß, dass die mutigen Entscheidungen, die du mit fünfzehn triffst, Einfluss auf die mutigen Entscheidungen haben, die du mit fünfundzwanzig fällst. Und sie sind wieder anders als die mutigen Momente, denen du dich mit fünfunddreißig oder fünfundfünfzig gegenübersiehst.

Wenn du noch nie so eine Reise gemacht hast, dann tu es. Wenn du noch nie einen Moment erlebt hast, in dem niemand um dich herum deine Sprache spricht oder die gleiche Hautfarbe hat wie du oder je eine Grundschule von innen gesehen hat, solltest du so einen Moment schaffen. Du *brauchst* das. Du musst sehen, dass die Welt groß und vielfältig ist. Vielleicht hört Gott sich ja ganz anders an und sieht ganz anders aus, als du immer gedacht hast – schließlich gibt es auf der Welt so viele unterschiedlich aussehende und sich unterschiedliche anhörende Menschen, und alle sind nach Gottes Ebenbild geschaffen.

> *Du musst sehen, dass die Welt groß und vielfältig ist.*

Spare Geld. Sammle Geld. Nimm Verbindung mit einer Missionsgesellschaft oder einer gemeinnützigen Organisation auf. Hab den Mut, diese erste E-Mail zu schicken, in der steht: „Kann ich mit Ihnen nach Afrika gehen?", oder „Ja, ich würde gern an dieser Missionsreise nach Mexiko teilnehmen."

Tu, was möglich ist, um deinen Horizont zu erweitern. Denn wenn du an Orte gehst, an denen du noch nie zuvor gewesen bist, wirst du Gott sehen, wie du ihn noch nie zuvor gesehen hast.

· · · · · · · · · · · · · · · · · · · ·

Sei mutig: Denk darüber nach,
an einer Missionsreise deiner Gemeinde oder
einer Missionsgesellschaft
(zum Beispiel „Jugend mit einer Mission")
teilzunehmen.

Tag 95

Jerusalem

....

Betet für den Frieden Jerusalems!
Wer dich liebt, dem soll es gut ergehen!
Hinter deinen festen Mauern soll Frieden
herrschen, und in deinen Palästen
soll man sicher wohnen!
Psalm 122,6–7

Ich bin schon zweimal in Jerusalem gewesen und ich liebe diese Stadt einfach – sowohl die älteren als auch die neueren Stadtteile. Sie fühlt sich irgendwie heilig an. Sie fühlt sich so alt an, wie sie ist, und doch hat man das Gefühl, dass dort ein frischer Wind weht. Das Essen ist köstlich, die Kopfsteinpflasterstraßen sind gesäumt mit bedeutsamer Geschichte; die Ladenbesitzer sind freundlich. Es ist ein schöner Ort.

Und Jesus war dort.

In der ganzen Bibel erzählt uns Gott von dieser Stadt. Er trägt uns auf, für den Frieden Jerusalems zu beten. Jerusalem ist die *einzige* Stadt, bei der uns Gott ausdrücklich bittet, für sie zu beten.

Also sollten wir es tun. Gott bittet uns, für den Frieden Jerusalems zu beten.

In 1. Mose 12 verhieß Gott jenen Menschen Segen, die Israel segnen, und jene Menschen, die es verfluchen, sollen ebenfalls verflucht sein.

> *Jerusalem ist die einzige Stadt, bei der uns Gott ausdrücklich bittet, für sie zu beten.*

Jerusalem ist nicht nur Teil des Heiligen Landes und das Zentrum des jüdischen Lebens, es wurde auch prophezeit (lies nach in Apostelgeschichte 1,1 und in Sacharja 14,4), dass die Stadt der Ort sein wird, wo Christus wiederkehrt.

Gebet ist unsere direkteste Verbindung zu Gott – deine Stimme in seinen Ohren. Ich habe keine besonderen Insiderinformationen über das Gebet. Ich verstehe nicht, warum es manchmal „funktioniert" und manchmal nicht. Ich kann dir viele Gebete aufzählen, die ich im Laufe der Jahre gesprochen habe und von denen ich nicht weiß, was Gott mit ihnen gemacht hat.

Trotzdem haben wir über die Kraft des Gebets gesprochen und weißt du was? Es ist Realität. Gebet kann Dinge verändern.

Wenn du also für Orte wie dein Zuhause und deine Nachbarschaft und dein Land und die Welt betest, dann bete auch für Jerusalem. Bete um Mut für diejenigen, die wegen ihres Glaubens verfolgt werden. Bete für eine Erweckung. Bete.

. . . .

Sei mutig: *Nimm Jerusalem*
in deine Gebetsliste auf.
Bete für den Frieden Jerusalems.

Hab Mut

Mutige Entscheidungen haben immer
Nachwirkungen.

Tag 96

Jesus war mutig

. . . .

„Wenn die Menschen euch hassen, dann
vergesst nicht, dass man mich schon
vor euch gehasst hat."
Johannes 15,18

Jetzt, da ich Mitte dreißig bin, haben Jesus und ich etwa die gleiche Zeit auf der Erde verbracht. Das ist ein verrückter Gedanke.
Wir beide haben unsere Zwanziger durchlebt – er ohne Fehler
und Dinge, die er bereuen musste, und ich mit genug davon für
uns beide. Wenn man im gleichen Alter ist wie er damals, wird
Jesu Menschsein plötzlich sehr real.

Wenn du Jesus immer *nur* als göttlich ansiehst, dann verlierst
du die Tatsache aus dem Blick, dass er auch menschlich war bzw.
ist. Als es in meinem Kopf und Herzen ankam, dass er wirklich
beide Naturen in sich vereint, änderte das alles.

Ich erkannte, wie mutig Jesus war. Er ließ einen sicheren Arbeitsplatz zurück. Er ließ ein anständiges Leben zurück, um

obdachlos drei Jahre lang durch Israel zu ziehen und über das Reich Gottes zu reden.

Ich kann mir nicht vorstellen, dass meine Freunde mich so verraten wie Petrus Jesus. Ich kann mir nicht vorstellen, dass Gemeindeleiter mich so hassen wie die religiösen Führer Jesus.

> *Die Welt hasste Jesus, aber er hatte den Mut, sein Leben trotzdem für sie hinzugeben.*

Ich kann mir nicht vorstellen, in allem so mutig zu sein wie er. Ich kann mir nicht vorstellen, ihn nicht zu kennen. Ich bin so froh, dass ich es tue!

Etwas veränderte sich in mir, als ich mich dem Alter näherte, in dem er seinen Auftrag erfüllte. Ich begann, ihn mit anderen Augen zu sehen. Ich sah ihn als einen meiner Freunde, einen der Typen, mit denen ich ständig Zeit verbringe. Er ist nicht irgendein Erwachsener, der erwachsene Dinge tut, er ist im gleichen Alter wie ich.

Es facht meinen Mut an, wenn ich daran denke, dass Jesus einige absolut mutige Dinge getan hat – genau in der Lage, in der ich jetzt bin. Single wie ich. Menschlich wie ich. Sündlos, anders als ich, aber in Versuchung gebracht wie ich. Und er hat etwas für mich riskiert.

Er bat seine Jünger, dasselbe zu tun. Alles aufzugeben, um ihm nachzufolgen. Und uns bittet er um genau dasselbe. Ihm nachzufolgen. Unser Leben so mutig zu leben wie er – es hinzugeben für eine schmerzende, feindliche Welt. Die Welt hasste Jesus, aber er hatte den Mut, sein Leben trotzdem für sie hinzugeben. Was für eine Liebe!

Das, was Jesus auf dieser Erde war und tat – als Sohn Gottes, der auf die Erde kam, um unsere Sünden auf sich zu nehmen –, ist das Mutigste, was diese Welt jemals gesehen hat.

. . . .

Sei mutig: Danke Jesus für seinen Mut, über den du schon in so vielen Geschichten der Bibel gelesen hast.

Tag 97

Jesus ist mutig

....

Da öffnete sich der Himmel
vor meinen Augen, und ich sah
ein weißes Pferd. Der darauf saß,
heißt „der Treue und Wahrhaftige".
Offenbarung 19,11

Hast du den Vers gerade gelesen? Was da steht, ist noch nicht passiert. Das hast du gemerkt, oder? Jesus wird wiederkommen, nicht als Baby in einer bescheidenen Krippe, sondern als der mächtige König der Könige und Herr der Herren.

Baby Jesus war mutig. Aber Baby Jesus war hier auf einer Mission, um uns von unseren Sünden zu retten. Dieses gute Werk hat er bereits getan. Er ist bereits gestorben und auferstanden.

Jesus lebt und wirkt heute noch immer zu unserem Wohl. Er ist noch immer der König, der sich selbst erniedrigte und auf die Erde kam, aber wenn er zurückkehrt, wird seine Mission eine andere sein. Er wird wiederkommen, um die Sünde ein für alle Mal zu richten und den Feind zu vernichten, der aus dieser Welt so einen kaputten und schmerzvollen Ort gemacht hat.

Weißt du, Jesus war nicht nur in der Vergangenheit mutig. Jesus ist auch heute mutig.

Jesus weiß, dass ich immer wieder Mist baue, und dafür hat er sein Leben hingegeben. Ich bin so dankbar für diese Erlösung. Aber immer und immer wieder bitte ich Jesus um Vergebung und Rettung und immer und immer wieder schenkt er sie mir und rettet mich. Man würde niemals ein Auto kaufen, das bei jeder Testfahrt einen Platten bekommt, und man würde kein Restaurant mehr besuchen, in dem ständig etwas serviert wird, was man nicht bestellt hat. Aber Jesus tut das für mich die ganze Zeit. Bildlich gesprochen habe ich einen Platten und serviere nicht das, was er bestellt hat – ich sündige immer und immer wieder. Er riskiert etwas für mich und riskiert etwas mit mir.

> *Er ist noch immer der König, der sich selbst erniedrigte und auf die Erde kam, aber wenn er zurückkehrt, wird seine Mission eine andere sein.*

Johannes 3,16 sagt eigentlich alles. Gott liebt uns so sehr, dass er seinen eigenen Sohn hergab, damit deine Sünde dich nicht ewig von ihm trennt. Gott ist heilig und wir sind Sünder. Aber Jesus hat diesen Abgrund überbrückt; sein Tod und seine Auferstehung machten den Weg frei.

Seine Auferstehung bewies, dass er Gott ist – dass er die Macht hat, den Tod zu überwinden, und dass seine Vergebung für unsere Sünden real ist!

Er liebt und kennt uns durch und durch und vergibt uns unsere Schuld, immer und immer wieder. Jesus *ist* mutig, und du wurdest von ihm geschaffen, um ebenfalls mutig zu sein.

....

Sei mutig: Danke Jesus, dass er mit dir immer und immer wieder etwas riskiert. Danke ihm, dass ihn das Grab nicht festhielt und dass er ein auferstandener und lebendiger König ist.

Tag 98

Du wurdest geschaffen, um mutig zu sein

. . . .

Dann wandte er [David] sich
an seinen Sohn Salomo: „Mach dich
ohne zu zögern an die Arbeit! Hab keine Angst
und lass dich durch nichts entmutigen!
Denn der Herr, mein Gott, wird dir beistehen.
Er verlässt dich nicht und wird dir helfen,
bis der Bau des Tempels abgeschlossen ist.“
1. Chronik 28,20

Was für eine tolle Vater-Sohn-Rede wir da in 1. Chronik 28 lesen! Ein Vater gibt eine Wahrheit an seinen Sohn weiter.

Und genau das tut die Bibel für uns. Wenn wir die Bibel lesen, ist es genauso, als würde unser Vater mit uns reden. Und er sagt uns genau das, was David zu Salomo sagte:

„Hey, du! Hey, mein Kind! Sei stark! Hab Mut. Warum? Weil ich bei dir bin.“

Er ist bei dir. Kannst du das jetzt erkennen? Du bist zwei Tage davon entfernt, dieses Buch zu Ende zu lesen. Zwei.

Erkennst du, wie mutig Gott dich geschaffen hat? Jesus war mutig, durch und durch. Jesus ist mutig. Und er ist unser Vorbild – darin, wie er sein Leben auf der Erde gelebt hat, bis dahin, wie er uns heute liebt.

Es gibt keinen Bereich deines Lebens, der nicht durch Mut berührt und verbessert werden könnte. Kannst du das sehen, wenn du auf die Zeit zurückblickst, die du mit diesem Buch und mit Gottes Wort verbracht hast?

Mut ist nicht nur etwas für mächtige Krieger. Er ist genau das Richtige für dich – weil du langsam zu einem richtig mutigen Menschen wirst. Er ist genau das Richtige für deine Beziehung zu Gott. Er ist genau das Richtige für deine Träume und deine Berufung und deine Arbeit. Er ist genau das Richtige für deine Beziehungen zu deinen Mitmenschen.

> **Mut ist nicht nur etwas für mächtige Krieger. Er ist genau das Richtige für dich – weil du langsam zu einem richtig mutigen Menschen wirst.**

Du kannst dich mutig allen Veränderungen in deinem Leben stellen. Du kannst Schmerz mutig entgegensehen. Du kannst dir mutig einen gesunden Lebensstil zutrauen. Mutig mit deinem Geld umgehen. Du kannst mutig sein, wo auch immer du bist!

Dein Gott wird dich nicht verlassen oder im Stich lassen. Das weißt du. Und deshalb kannst du mutig sein.

. . . .

Sei mutig: Was ist die größte Veränderung,
die du in deinem Leben in den letzten Monaten
sehen kannst?

Tag 99

Du bist mutig

....

Schau dir Gottes Wunder an –
sie werden dir den Atem rauben.
Psalm 66,5 (aus The Message)

Kannst du dich noch an Tag 3 in diesem Buch erinnern? Wohl nicht. Es ist ja auch schon lange her. Sieh mal, wie lange wir jetzt schon zusammen mutig sind! Wow.

Also, an Tag 3 habe ich dir von meinem Umzug nach Nashville erzählt und wie unmutig ich mich fühlte, während ich mutige Schritte ging.

Wie ich dir erzählt habe, habe ich mich niemals mutig *gefühlt*. Es gab nie diesen einen Moment, wo ich voller Mut war oder Gewissheit hatte, dass dies die beste Entscheidung sei, die ich je getroffen hatte. Ich machte einfach das, was Gott als Nächstes für mich bereithielt.

Ich wette, dass du es am Anfang dieser hunderttägigen Reise als persönliche Herausforderung empfunden hast, mutige

Schritte zu gehen. Wahrscheinlich hattest du dabei auch immer ein bisschen Angst. Aber schau zurück. Blättere durch diese Seiten und sieh, wie mutig du bist.

Du warst schon immer mutig. Da bin ich mir ganz sicher. Aber vielleicht hast du dich nicht mutig gefühlt.

Siehst du es jetzt? Siehst du, dass du mutiger bist, als du denkst?

Du hast einige deiner Träume verwirklicht. Du hast es geschafft, andere aufopfernd zu lieben, auch wenn es schwer war.

Du hast sogar beschlossen, mehr Gemüse zu essen. Super! Heute bist du mutiger, als du dachtest, als du dieses Buch zum ersten Mal aufgeschlagen hast.

Ich bin so stolz auf dich!

Heute möchte ich dich einladen, darüber nachzudenken, was Gott alles getan hat. Denke über die großartigen Wunder nach, die er für dich und in dir und in den Menschen um dich herum getan hat.

> *Du warst schon immer mutig. Da bin ich mir ganz sicher! Aber vielleicht hast du dich nicht mutig gefühlt.*

Deine mutigen Entscheidungen haben Auswirkungen. Mutige Menschen inspirieren die Menschen in ihrer Umgebung, selbst mutig zu sein.

Du kennst dich und ich kenne mich. Alle Ehre für jede Art von Mut, die wir zeigen, geht direkt an Jesus. Er ist der Mutige. Er hat uns gemacht. Er schuf und formte uns als mutige Geschöpfe. Und hier sind wir nun, am Ende der Reise, aber am Anfang einer neuer inneren Einstellung.

Du bist mutiger, als du denkst.

. . . .

Sei mutig: *Nimm jetzt den abwischbaren Stift*
aus deinem Badezimmer und
schreibe auf den Spiegel:
„Ich bin mutiger, als mir bewusst ist.
Heute werde ich es beweisen."

Tag 100

Lasst uns alle mutig sein

. . . .

Der Herr, euer Gott, ist in eurer Mitte;
und was für ein starker Retter ist er! Von
ganzem Herzen freut er sich über euch. Weil
er euch liebt, redet er nicht länger über eure
Schuld. Ja, er jubelt, wenn er an euch denkt!
Zefanja 3,17

Wenn du mir in den sozialen Medien folgst und mir zufällig mal in einem Bastelladen in Amerika begegnen solltest, weißt du, wie sehr ich Glitzer und funkelnde Sachen mag, ganz besonders Konfettikanonen.

Ich liebe sie, weil sie irgendwie so fröhlich und hübsch und feierlich und toll sind – und weil sie mich daran erinnern, warum es so wichtig ist, dass ich mutig bin. Weißt du, warum? Weil mein Mut andere Menschen beeinflusst, genau wie es dein Leben anders und besser und großartiger macht, wenn ich mit einer Konfettikanone neben dir stehe.

Dein Mut hat Auswirkungen auf andere, genau wie eine Konfettikanone. Wenn du sie mutig abschießt und mit all den funkelnden Konfettis um dich herum feierst, merken andere, dass auch sie Konfetti im ganzen Raum verteilen könnten.

Sie werden dich sehen und denken: *Das will ich auch!*

Wenn du in deinem Leben mutige Entscheidungen triffst, wird dies die Welt verändern.

Auf jeden Fall wird es *deine* Welt verändern. Und du kannst so unendlich viel in dieser Welt bewirken! Dein Leben ist Jesu Belohnung für sein Leiden – deine mutigen Jas, deine mutigen Neins, dein Dranbleiben, Loslassen, Hingehen, Dableiben – alles.

> **Auf jeden Fall wird es deine Welt verändern.**

Ich hoffe, du hast es schon getan. Ich hoffe, du bist diesen ersten Schritt bereits gegangen, denn ich bin mir so sicher wie noch nie zuvor, dass die Menschen um dich herum darauf warten und dein Gott dich erwartungsvoll beobachtet, um zu sehen, wohin dich deine Reise führen wird.

Ich bete heute um Frieden für dich.

Und Freude. Und Hoffnung. Und Mut – die tiefe, tiefe Art von Mut, die dein Leben verändert.

Folge deiner Reiseroute und halte die Hand deines Vaters fest. Und lasst uns alle mutig sein.

. . . .

Sei mutig: *Ich glaube, du solltest dir eine
Konfettikanone kaufen.
Dann mach ein Foto davon,
wie du sie abschießt!
Veröffentliche das Bild online und
erwähne dabei den Hashtag
#Mutigeralsdudenkst.*

Danksagung

Zu allererst danke ich dir, liebe Leserin und lieber Leser, dass du den ganzen Weg mit mir zusammen gegangen bist. Das bedeutet mir mehr, als du glaubst. Ich habe jeden Tag beim Schreiben und Überarbeiten, beim Planen und Träumen an die Personen gedacht, die dieses Buch einmal in den Händen halten sollen. Ja, ich habe dieses Buch für dich geschrieben.

Um dieses Buch so schreiben zu können (das heißt, Teile meiner bisherigen Arbeiten mit neuen Texten zu kombinieren), waren viele Leute nötig, die mich unterstützt und Zeit und Arbeit in dieses Projekt investiert haben. Ich schätze mich so glücklich, mit diesem tollen Team von *HarperCollins Christian Publishing* zusammenarbeiten zu können. Laura, Molly, Carly – ihr seid die Besten! Danke, Scarlet Hiltibidal, für die vielen Stunden, die du mit mir verbracht hast, und für deine Worte. Dawn Hollomon, du hast die harte Arbeit geleistet, dieses Buch mit mir zusammen zu überarbeiten, und ich bin dir ewig dankbar für all das, was du zu diesem Buch beigetragen hast.

Tim, Hannah, Stefanie, Michael – vielen Dank, dass ihr geholfen habt, dieses Buch so vielen meiner Freunde wie möglich zukommen zu lassen. Vom Coverdesign [der Amerikanischen

Ausgabe] (Adam, du bist mein Held!) über das Layout bis hin zu euren Gebeten – ich bin so dankbar, dass ich diesen Weg nicht alleine gehen musste.

Danke an Lisa Jackson für den reibungslosen Ablauf und an Katie, Eliza und April (und Haile!) für die organisatorische Arbeit bei *DownsBooks Inc.,* wenn ich in Schreibarbeit versinke. Danke an sie und den Rest meines Teams – Brian, Heather, Becky, Brian, Emily, Kelli, Chad, Leigh, Shaun, Patrick. Ohne euch wäre ich ein sinkendes Schiff. Danke, dass ihr meine Segel seid.

Danke an meine Familie und Freunde, meine Leute, diejenigen, die dieses verrückte, überraschende Leben ertragen, das meins ist – danke, dass ihr da seid.

Danke, Jesus. Du hast mich einst erlöst, aber du rettest mich jeden Tag aufs Neue. Wenn ich das Gefühl habe, dass ich mich so sehr nach dir ausstrecke – auf all diesen Seiten, in meiner Geschichte und meinem gegenwärtigen Leben, in all den Bereichen, für die ich meine Leser zu mutigen Schritten motivieren will –, dann bin ich dankbar, dass du immer wieder auftauchst. Ich bin dankbar, dass du dich immer wieder finden lässt. Du machst mich mutig und dafür werde ich dich immer lieben.

Der Verlag weist ausdrücklich darauf hin, dass im Text enthaltene externe Links nur bis zum Zeitpunkt der Buchveröffentlichung eingesehen werden konnten. Auf spätere Veränderungen hat der Verlag keinerlei Einfluss. Eine Haftung des Verlags für externe Links ist stets ausgeschlossen.

© 2019 by Gerth Medien GmbH, Dillerberg 1, 35614 Asslar

Wenn nicht anders angegeben, wurden die Bibelstellen der folgenden Übersetzung entnommen:
Hoffnung für alle, Copyright © 1983, 1996, 2002, 2015 by Biblica Inc.®. Verwendet mit freundlicher Genehmigung von Fontis – Brunnen Basel. Alle weiteren Rechte weltweit vorbehalten.

1. Auflage 2019
Bestell-Nr. 817550
ISBN 978-3-95734-550-9

Umschlaggestaltung: Hanni Plato
Umschlagfoto: Katsiaryna Chumakova / Shutterstock
Satz: Greiner & Reichel, Köln
Druck und Verarbeitung: GGP Media GmbH, Pößneck
Printed in Germany

www.gerth.de